ぼんやり生きていても
エロい出来事など起こりはしない。

頭を使おう。
脳みそを使おう。

いや、それも面倒な話だ。

だから本書をそっくり真似して、
日々の暮らしを
エロ色で彩ろうじゃないか。

★本書は月刊「裏モノ JAPAN」7月号別冊『男のエロ知恵 140』（小社刊、2014 年 7 月）を文庫化したものです
★記事内の写真は但し書きのあるものを除きイメージです
★記事内の情報は初出誌掲載当時のものです

第1章

風俗の知恵

あああ〜
シュッ シュッ
ハイタッチは金かかるし
払うから
あっ、ヤバイ、イキそう〜！
え、え、
このタイミングでは女の子も手を離せません
え、ちょっと・・
ブツ
ブツ
ゴツ
タダでお触りしながら射精できました
あ〜気持ちよかった
ド

風俗やキャバで安く遊ぶコツを教えますよ

漫画………シライカズアキ

風俗やキャバの客引きとの値段交渉は難しいと思われがちだけど、そんなことはない。タイミングによって「安くするんで来てくれませんか」と相手から提案してくることも多々ある。どこの店も客が引く時間帯というのがあるからだ。

町で遊ぶときは、客引きに電話番号を教え、近くでメシでも食いながら連絡を待つのが正解だ。

ヘルス本番のための正しいクンニ体勢とは？

漫画……中邑みつのり

ヘルス本番がしたくてクンニで感じさせても、カエル体勢から挿入に移ろうとすると、どうしても相手に気付かれてしまいます。

しかしバッククンニなら、感じさせたところでサッと入れてしまえると。単純だけど、教えられないと気づかないノウハウですね。

男のエロ知恵140　風俗の知恵

デリヘル嬢が「お客さん、染みませんか?」確かに染みるんですけど…

漫画………和田海苔子

風俗嬢がソープとは別に使ってくる透明の液体。あれがグリンスだ。「消毒のため」とかなんとか言ってくるが、目的は性病チェックに他ならない。染みる客は性病持ちなので、間違いなくゴムフェラの憂き目に遭う。どれほどジンジンしようが平静を装うべし。

男のエロ知恵140　風俗の知恵

週一のみ出勤のフーゾク嬢が“当たり”と推理できる理由

フーゾクのホームページには嬢の週間出勤表が出ている。定期的にチェックすれば、毎週火曜日の16時〜みたいな感じで週1回、決まった曜日しか出勤しない女がいるのがわかるはずだ。こういう子は概して当たりだ。

『シューイチ出勤』の理由は嬢によってそれぞれだろうが、どんな理由であれ、店がそのワガママ出勤を許しているという点が重要だ。

「必ず指名客で埋まる」「人気嬢に辞められそうなところを『週一だけでも』と引き留めた」など、そこには店側の都合が垣間見えるのだ。

ロクに指名のつかないようなブス嬢に、そんなワガママ出勤は許されない。店に利益をもたらさなくとも、円滑にお客をまわすための捨て駒としてとりあえずは週何日か出勤させておきたいし、イヤなら辞めろと切り捨てることもできる。

以上のことからシューイチ嬢は当たりと推理できるわけだ。

本日	11月12日(火)	11月13日(水)	11月14日(木)	11月15日(金)	11月16日(土)	11月17日(日)
×	×	×	×	17:00〜23:00	×	×

もう騙されない！風俗で本物の女子大生を見分ける方法

在籍嬢のプロフィール欄に書かれた「現役女子大生」の文字。あれ、どこまで本当なのか。女子大生嬢だけを狙い続けてきた私が導きだしたポイントは以下の3つだ。

1・年齢が20才以下

↓大学生の大半は22才以下。店がサバを読んで、基本的には20才以下に設定してくる。

2・シフトが火曜、木曜など、毎週曜日が固定されている。

↓授業の時間割のなかで空いた時間に入れているため、規則的になるのは当然だ。

3・勤務時間が19時ごろまで

↓夜はサークルなどの飲み会があるため、飲みが入りそうな19時以降は避ける傾向にあるのだ。

以上3点を満たしていれば、まず本物の女子大生と見ていいだろう。

ヘルス本番したけりゃアナルファックOK嬢を狙え

漫画……大串ゆうじ

本来ヘルスは本番禁止。ヘルス嬢たちもそう簡単にはセックスさせてくれない。

が、嬢の選びかた次第でその確率を跳ね上げることができる。

狙いはズバリ、アナルファックＯＫ嬢だ。

彼女たち、アナルオプション分の料金を稼ぐためにＡＦＯＫにしているが、実際はアナルよりもマンコの方がラクだし気持ちいいことを知ってる。「アナルは大変そうだし、こっちでいいよ」と気遣う素振りで本番に持ち込もう。

過剰プレイの要求は「内緒にするし」じゃ不安を取り除けない

オナクラなどのライト風俗でより過剰なプレイをしたいとき。多少のお金を渡しながらこうお願いする人は多いだろう。

「5千円あげるからちょっとだけ舐めてよ。内緒にするし」

ダメだ。正解はこれ。

「5千円あげるから舐めてよ。でも店長さんとか他のお客さんには内緒にしてね？」

女性にとって、ご法度のプレイをするリスクは我々が想像するより格段に大きい。変な噂から店バレしたらクビものだ。

だからその不安を取り除いてやらねばならないわけだが、内緒にするね、では信用ならん。逆に内緒にしてねとお願いされれば、「この人の口から漏れることはない」と信じてしまうのだ。

デリヘルの「チェンジ！」が言いづらい

『チェンジ！』と言うのは女を怒らせそうでなかなか勇気がいるものだ。しかし以下の言い回しなら心的ストレスを緩和できる。

まずは嬢が部屋にやってきたときに、驚いた顔をしながら一言。

「え？　ああ、ごめん、いや、オレの妹にそっくりだわ…」

なんのこっちゃわからない顔の嬢をいちおう部屋に入れて、さらに続ける。

「マジで妹に似てるわ。プレイ中に妹を思い浮かべちゃうから、さすがにキツイな。ごめん、申し訳ないけどチェンジできないかな？」

これなら嬢も不愉快な思いをしなくてすむ。

男のエロ知恵140　風俗の知恵

店外デート必勝法。『ドMです』嬢にめちゃくちゃ優しく

フーゾク嬢との店外デートを狙う際、その子が誘いに応じやすいか否かを事前に知る術があります。

ポイントはHPのプロフ。紹介欄に、このような一文があればビンゴです。

【ドMなので思う存分イジメてやってください！】

こういうコメントが付いてる嬢は、十中八九、客からひどい扱いを受けています。フィストファックしようとしたり、強引にイラマチオしたり。ドMだとしても、1日中こんな扱いを受けていれば、嬢もたまったもんじゃない。

だから僕はあえてそういうコを選んで優しく接するんです。手マン中に「痛くない？」と声をかけたり、いっそのことプレイはせずおしゃべりに徹したり。

女のコにしたらまるで救いの神のように映るんでしょうね。なんてイイ人なんだと。当然、店外のお誘いにも高確率で応じてくれるって寸法です。

> 可愛い顔して、Hなコトが大好きという根っからのドM変態娘☆
> 速攻即尺からイラマチオ、電マ・バイブで思いきりイカしてOK♪
> 貴方の言いなりの性欲発散のペットとして自由にお使い下さい。
>
> ごっくんコースOK♪
>
> チ○ポ大好きで、責められれば責められる程、感じまくってしまう淫乱M女☆
>
> 最後の一滴までしゃぶり尽くします~~
>
> ドMで奉仕好きでイラマチオ大好きな【】
> バイブ、電マでマ●コを責めながら喉奥までチ●ポを出し入れして下さい。
> ヨダレを垂らして喜んで従うペットです。

「お客さん、こういうお店よく来るんですか？」への正しい返答

「お客さん、こういうお店でよく遊ぶんですか？」

風俗好きなら耳にタコができるほどお馴染みであろうこの台詞。我々はそうした風俗嬢の問いかけについこう答えがちだ。

「いや、そんなことないよ。結構久しぶりかも」

風俗にどっぷりはカッコ悪いからと見栄を張る気持ちもわからんではないが、実はこういう場合、正反対の返しを示す方が正しいのだ。

「うん、めっちゃ遊ぶよ。多いときは週6回くらい行くし」

さすれば風俗嬢、何を思うか。この〝太客〟を逃すまじと大ハッスルするわけだ。本番すらやすやすと許してしまうほどに。

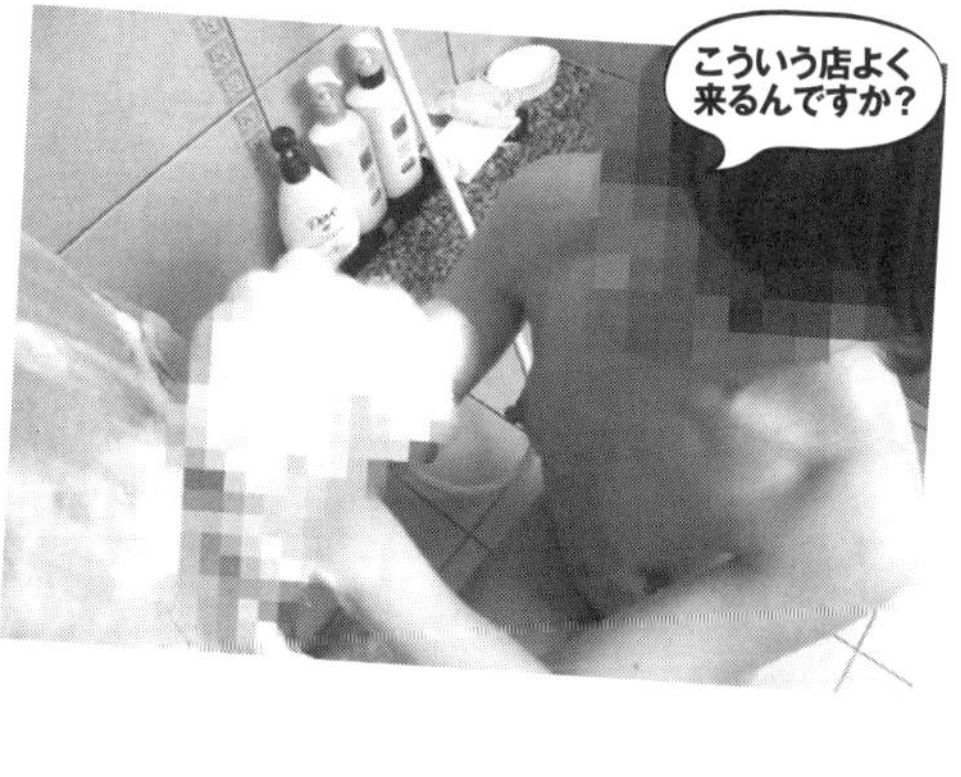
こういう店よく来るんですか？

他のおっさんが連れてる デリ嬢のほうがいつも 可愛いんだけど

漫画………和田海苔子

ラブホを出てすぐの路地や、レンタルルームの真ん前などで、「それじゃ」と男女が別れたら100%デリヘル。だから女の子のほうを追いかけて、今度指名したいと告げればいい。

金を惜しんで店を通さずに遊ぼうと提案してもまず断られるので欲をかかぬように。

「見るだけ」のオナ見女もあそこまでは触ってくれる

プチエンコーの中で最もライトな部類に入る「見るだけ」プレイ。その軽さゆえ、かわいい女を捕まえやすいことで知られている。

　となると見られるだけでは満足できず、タッチをお願いしたくなるわけだが、チン触りを提案した瞬間の彼女たちの拒否りっぷりと言ったらもう！

　しかしあきらめるのはまだ早い。実は彼女たち、キンタマまではけっこう触ってくれる

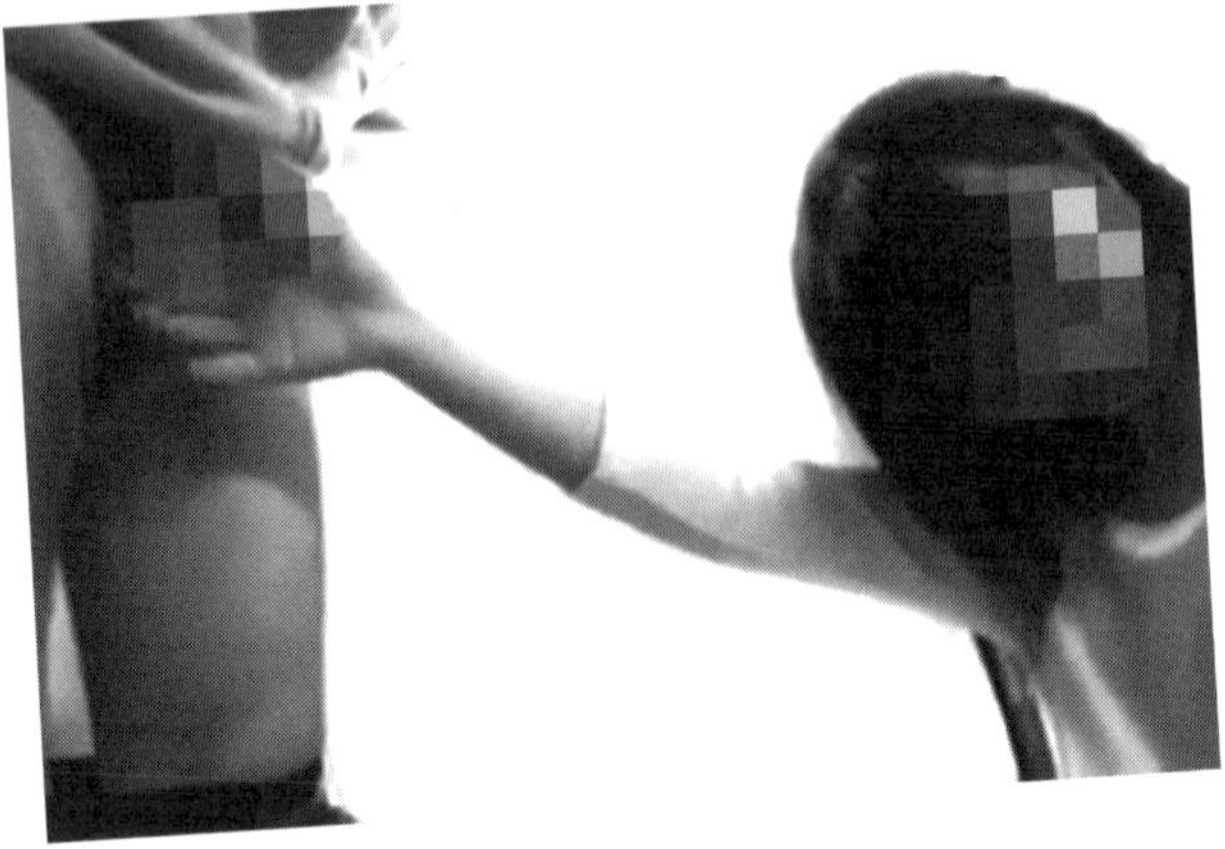

のだ。チンコは粘膜だけど、キンタマまでは「肌」という身体感覚を持ってくれてるらしい。

タマをサワサワされながらの射精はドクドク感が段違いなので、絶対にお願いするべきだ。

健全系のマッサージおばちゃんを落とす3ステップ

俺の趣味は、ビジネスホテルなどでおなじみ、マッサージサービスのおばちゃんとセックスすることだ。むろん建前上は健全なサービスを謳っているため、常にエロい展開に持っていくことはさすがに厳しいが、これから紹介するテクニックを実践すれば成功率6割ほどには持っていける。

●浴衣の下はノーパンで

基本中の基本だ。マッサージ中のチン見せは、いわばこちらがエロサービスに期待してることを知らせるサインである。これがなく

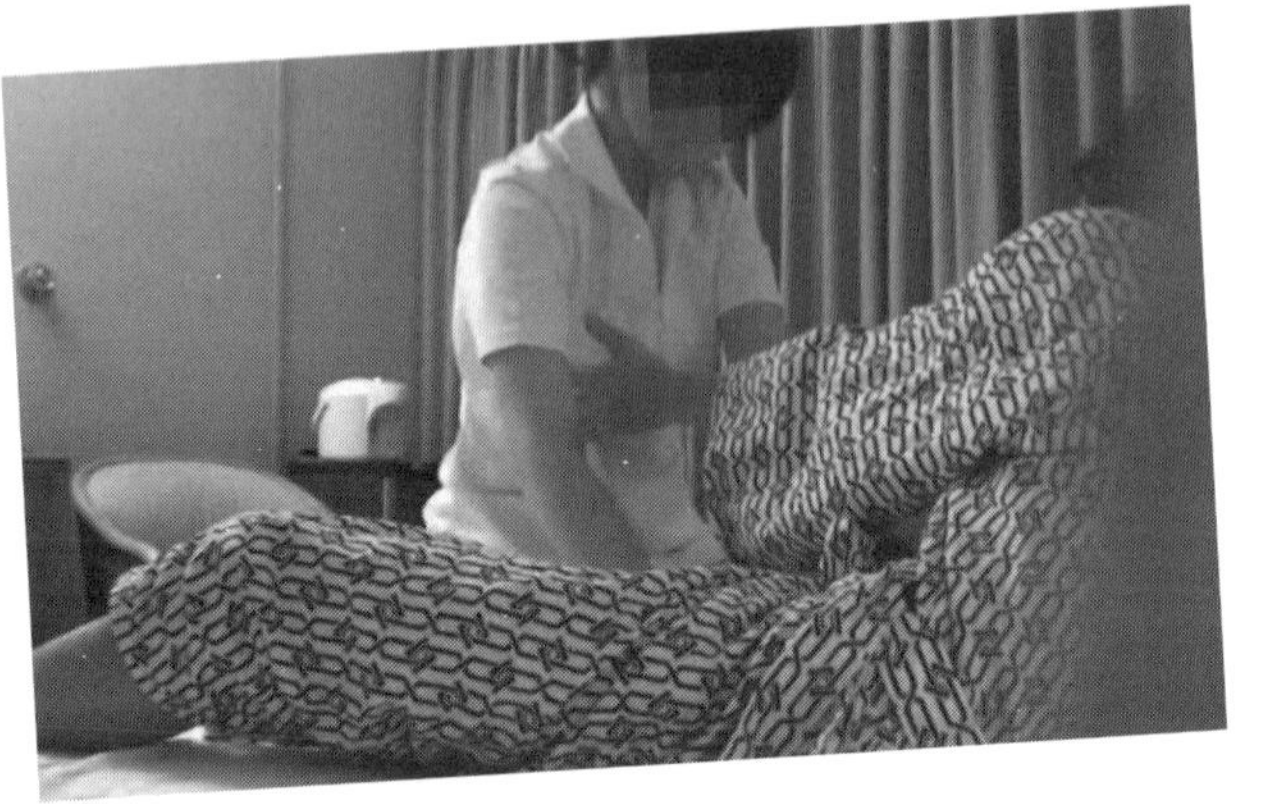

ちゃ始まるものも始まらない。

●マッサージ時間は長めに

これも基本事項だ。あらかじめ基本コースの倍の長さで予約して金を稼がせてやれば心証も良いし、こちらも余裕を持って行動できる。

●マッサージの途中でケーキかビールを

ここからが本題。マッサージの途中で「もう十分コリも取れたからケーキ（ビール）でもどう？」と切り出し甘党にはケーキを、酒好きにはビールを勧めるのだ。仕事を中断し、くだけたコミュニケーションをとることでおばちゃんは心を許しはじめる。あとは太ももをさすり、にじり寄っていくまでだ。ちなみにフェラまではいけても、本番を拒む女が時々いるが、そんな時は5千円ほど握らせよう。あっけなく落ちる。

新人手コキ嬢にはとりあえずこの一言を口にしよう

漫画………オオノマサフミ

手コキ店の新人嬢は、フーゾク界に足を一歩踏み入れたばかりのルーキーなので、客のあしらい方がわかっていない。無理な要望をはねつける度胸を持ってない。

だからこの手法が使える。お客さんが満足できないのはマズイ、怒らせたらヤバイという感情が先走り、つい軽いフェラくらいなら受け入れてしまうのだ。

頼むだけならタダなのだから、とりあえずは口にするべきだ。

手コキ嬢の股間を無料でスリスリする秘策

漫画………大串ゆうじ

手コキ嬢のおっぱいタッチにはたいてい追加料金がかかる。服の上からでもだ。ましてやパンツの上からの股間タッチなどもってのほかだ。

そこでマンガの方法が使える。

手コキ嬢たちはとにかく客を早くイカせてしまおうと考えているので、タッチ拒否で手コキ時間が伸びるより、多少は我慢してでもさっさとイカせようとしてくるのだ。

デリヘルの新人嬢ってフーゾク未経験じゃなく単にその店の新人って意味じゃねーの?

デリヘルのホームページには、新人とかニューフェイスとかうたわれてる子がいます。でも新人といってもフーゾク未経験なのか、単にその店の新人なのかわかりません。こっちとしては前者のほうが断然嬉しいのですが。

というわけでワタシの経験上、これさえ押さえておけば風俗未経験であると推測できるポイントを紹介しましょう。

①店への「入りました」電話で名前を先に言わない

ベテランの風俗嬢はこんな感じです。

『ユウカです。いま入りました』

対して風俗新人の場合はこう。

『あ、いま入りました。はい、アケミです』

違いは歴然ですね。ベテランは、店員が何本もの電話をこなしていることを知っているため、まず名前から告げて業務をスムーズに進めますが、新人はそこんとこをわかってないわけです。

②シャワーでびしゃびしゃになる

2人でシャワーを浴びるとき、客のカラダにはバシャバシャとお湯をかけるくせに、自分には全然かけないのがベテランの知恵。

彼女らは一日に何度もシャワーを浴びるため、乾燥肌でガサガサになってしまいます。それを回避するため、なるべく自分には水をかけまいとしているのです。

よって、そんなことお構いなしにシャワーを浴びる子は新人の可能性が大です。

③お湯の後にイソジンを入れる

コップにイソジンとお湯を入れるときのことをよーく思いだしてみてください。これも新人とベテランでは手順が変わってきます。

慣れてる子なら間違いなく、先にイソジンです。なぜならその手順のほうが混ざりやすいことを知ってるから。新人は先にお湯を入れてからイソジンを垂らす子が多いのです。

キャバクラで女の子にドリンクをねだられたとき断る勇気がない

キャバ嬢はすぐに「ドリンクいただいていいですか？」と聞いてくる。むげに断ったらその後の空気がヘンになりそうだし、なにより男の見得でついついＯＫしてしまうものだ。

だが彼女らのドリンク代はべらぼうに高い。１杯千円はあたりまえで、店によっては2千円以上とるところもある。痛い出費だ。

そんな事態を避けるには、最初に交渉するのがいい。キャッチなどに声をかけられたときにこう切り出すのだ。

「女の子のドリンク込みの値段にしてよ」

応じてくれる場合がほとんどだ。通常料金が1時間3千円の店なら、この一言で女のドリンク込み4〜5千円にしてくれる。何杯飲ませても定額なので安心してバカ騒ぎができる。

店員にバレなければセクキャバ嬢は喜んで生チンコを触ってくれるのです

セクキャバ嬢に生チンコを握らせたい。そんな願望を持つ私が編み出した技です。聞いてください。

まず前提として、セクキャバでは客がパンツを脱ぐことは許されません。そんなことをしようものなら、店員がすっ飛んできてソク退場です。

しかし一方で、セクキャバ嬢自身は、客のチンコをナマで触ることに抵抗を感じない人種です。当然でしょう。自分の乳や、場合によっては股間まで客に触らせている彼女たちが、今さらチンコタッチごときに何をビビるというのか。

ということは店員に見つからず、嬢に生チンコを触らせる方法さえあればいいわけです。

ノーパン状態で、ポケットに穴を開けたジャージズボンを履いてセクキャバに行くという発想は、こうして生まれました。隣についた嬢の手をポケットに導き入れ、

「ちょいとモミモミしてよ」

これなら店員にも怒られないし、嬢も安心、俺もハッピーになれるという話です。

セクキャバ嬢の股間を湿らすポケットブルブル作戦

漫画………近江アザラシ

セクキャバって、女のコが膝の上に乗っかってくれるじゃないですか。股間をグリグリ押しつけるような感じで。

そこでオレがやってるのが、この漫画の作戦です。アラームをセットした携帯電話がポケットの中でブルブルブル。女のコはビックリして、あっ、あん、いやん。ローターみたいで楽しいですよ。

2回転セクキャバの2人目に大ハッスルしてもらうせこい技

セクキャバが好きでよく行く。あるとき、時間内に女のコが2人やって来る〝2回転〟システムの店に入ったところ、1人目のコがやたらノリノリだった。

こちらのシャツのボタンをすべて外して乳首舐めをかましてきたかと思えば、ズボンも強引に半分くらい下ろされてしまった。

おっと、パンツの上からチンコも触ってくるぞ。サービス旺盛なネーさんもいるもんですな。

ところが興味深かったのは、その彼女が引っ込んだあとだ。まもなくやってきた2人目は、こちらの乱れた洋服を見るや、意味深な表情に。そして彼女もまた積極的に攻めてきたのだ。もしや、私も頑張らなくちゃみたいに思ってくれたのか？

それから2回転セクキャバに行くたび、1人目のプレイが普通に終わっても、2人目がくる前に自分でシャツのボタンを全開に、ズボンを半脱ぎにしているのだが、これが効く効く。2人目らゃんが大ハッスルで攻めてくれるのだ。いい作戦でしょ？

男のエロ知恵140
ホンバンの達人に
教えを請おう
当店は本番禁止です。
漫画
しゅりんぷ小林
リポート・10人の達人

皆さーーーん!!
ファッションヘルス♡
風俗に行ったら本番したいですよね でも…
お願い!!
頼むっ!!
スカーフ野郎
無理!!
ドカッ
先っちょだけだから〜〜!!
本番禁止
ドドカカ
ドカ
ドドドドドドカカカカカー
無理無理無理無理無理無理
本番無理ー!!
ドカーーッ
!!
ゴン
ーーと、簡単にはいきません
特に風俗に来てもスカーフをはずさないヤツとは無理
うう うう〜
ポンポン
しかし世の中には〝風俗本番の達人〟と呼ばれる方がたくさんいらっしゃいます。今回はその方々の手口を見せてもらいましょう!!

①防護壁を崩す
うふうふ
本番禁止です。
ホイホイ
まずは正常位で素股をしているこの方
ギシギシ
ヌルヌル
ヘコヘコ
正常位素股は女のコの手がこうなります…
ローション
手でチ●コをおさえて挿入阻止よ
ヌルヌル
そこでこの方は――
ああ～気持ちいいいよ～
キミの素股最高～!!
ヌルルルル
――とまずは自分が素股で気持ちよくなれる客だとアピールして
いったん別のプレイに
ちょっと舐めてくれる？
スポッ
あ、ハイ
・・・・・・
カポカポ
そして再び素股に
ギシ…

この時すでに素股そのものを堪能できる客と思い込まれているので
ヌルルルル
女のコは手をそえません
あふ あふ
ホイ ホイ
ヌルン ヌルン
よーし“防護壁”が崩れたぞ
ズプン
あとはドサクサ紛れです
あ、入っちゃった
え-!
②背後に回れ
あっ
ホテル
HOTEL
ああん
フフッ 攻めちゃうよ～～！
ああ～ん
いいっ
クリクリ
お客さん～～

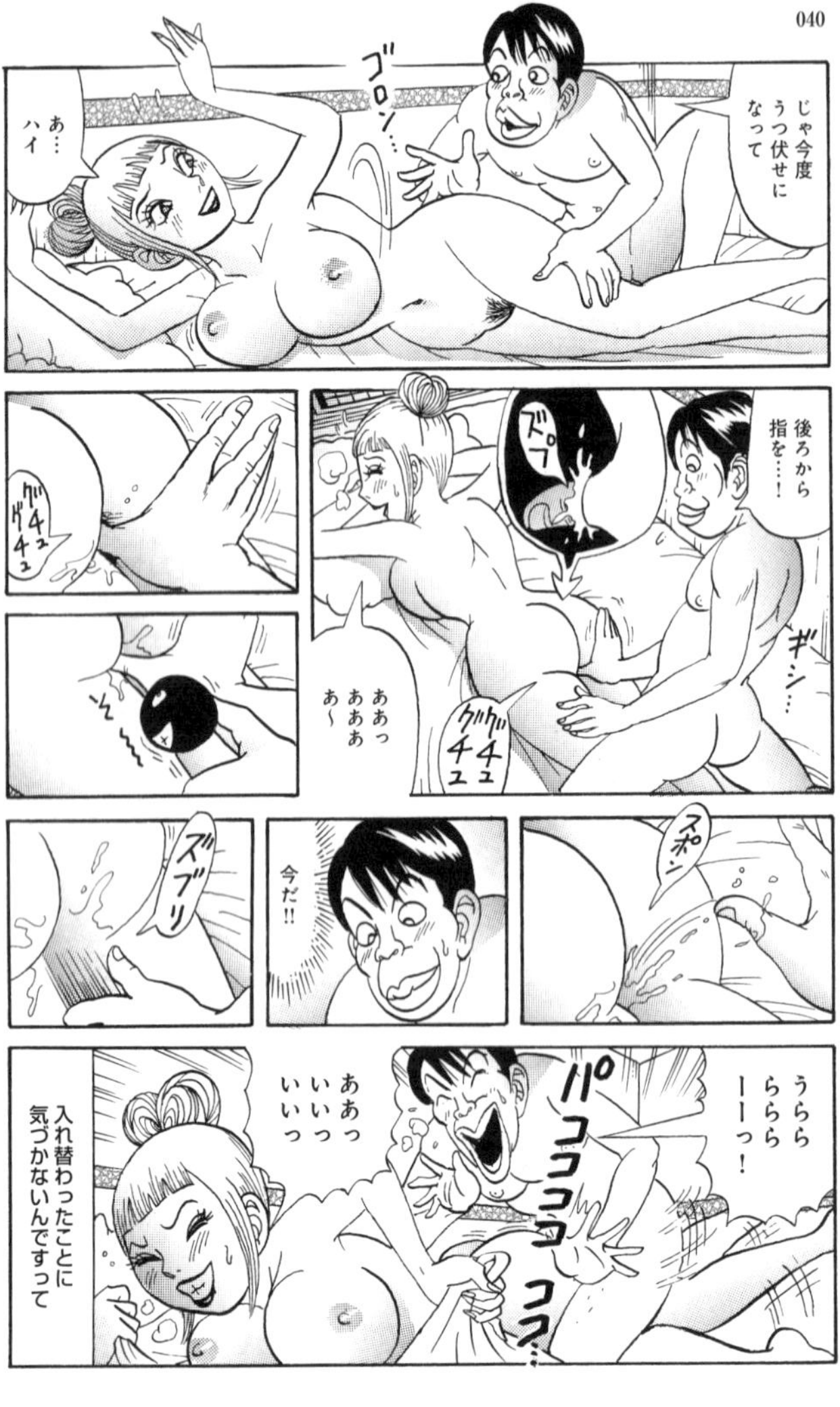
じゃ今度うつ伏せになって
ゴロン…
あ…ハイ
後ろから指を……!
ズプ
ギシ…
グチュグチュ
ああっあああぁあ～
グチュグチュ
スポン
今だ!!
ズブリ
うららららら——っ!
パコココココ
ココ…
ああっいいっいいっ
入れ替わったことに気づかないんですって

③カエル殺法
ああっ!!
HOTEL DE
どう？
ペロペロ
いやん、私 そんなとこ 初めて～～
あーっ
――とこの人は足を舐めます
しゃぶぶぶ
ペロレロ
フフッ 足を舐めると 女のコは自然と カエルみたいな ポーズになるよね
そして自然に チ●コを あてがい…
ピト
急に キス!!
ブチュ
え・・
すると体が前に倒れるので…
ズボッ
あ!!

おっと
ゴメン
ゴメン
ダメ〜〜
スポン
―とあくまでも〝事故〟を装い…
再び足舐め
ペロリ〜ン
あっあっ
あ〜ん
そして急にキス
チュバ
あっ
ズブ
ゴメン
スポン
ペロレロ
ブチュ
ズボッ
これを繰り返します
ゴメン
ゴメン
ペロロ
レロロン
ブッチュ
こ、これって
わざとじゃね？
ズブ
ピク
あ〜もう
抜かないで
いいわ
パコパコやって
ビンゴ!!
よっしゃあ!!

④逆マッサージ
アロマエステ P1
アロママッサージでも本番できるそうです
いかがですか?
ヌルヌルん
いいけどさ…
今日はあんまり疲れてないからオレが揉んであげるよ
え～っ いいですよ～
いーから いーから 遠慮しないで
ほら 寝て寝て
え? え?
ハイ ハイ
グイグイ
オレ うまいから
ほら ほら
グイグイ
あ… 気持ちいい
ほら足も…
スー
あっ…
ほらほら
キュッキュッ
あ… 上手…

ほらほら
モミモミ
ほら…
キュ
ピクッ
あ…
クイ
グググ
グ…
ズプ
あっダメ…
ギュ
ダメ…
ズプズプ
ほら
ほら
これ邪魔…
スル
あん…
キミ、もうビッチョリだよ
ヌチュ
クチュ
あ〜っ
あとは流れでこの通り!!
ウヒハヒハーッ!!
パコパコ
パンパン
あう
うう
でもコレはちと難しそうです…

⑤やはりこの道具
フグフグカポカポ
…ねえ
ガサ
あのさ…
フイッ
コレ…
え？
さっき買って来たんだけど使ってみない？
ね！ね！
ブイイ…
カチ
さあさあ
あん
ゴロン
フフフ…
ブイイイ
ブイイ
ピト
ビイイイ
あうっ!!
どお？
ビイイイイイイ…
あああ
あああっ
いいっ
すごく気持ちいいっ!!
コレいいい～!!
ビイイイ…
イッちゃうよ～!!

カチッ
ピタ
えっ!?
ヤダ
ヤダ〜
バッ
止めないで〜〜
クチュクチュ
ハイ
ハイ
では
それよりも
こちらを
ずぶりゅ
あうっ!!
ああっ
いいわ〜!!
イクイク〜
パココココ
こういうシンプルなのが
一番良さそうですね
⑥一応
このまま
イッちゃい
ますか?
スコスコ
いや
フィニッシュは
素股で頼むわ

あ…でも素股とはいえ生だと気にならない？
え？
ギシ…
カサ
一応ゴム着けとく？
あ…すいません…
ピリ
ス
クインクイン
ハッハッ
ハイハイ
ヌルンヌルン
ギシ ギシ ギシ ギシ
疲れるでしょ
ハッ ハッ ハッ ハッ
ギシ ギシ ギシ ギシ
オレが上になろっか
ギシッ
あ…ハイ
ギシ…
では…
え？
ズブ
あうっ
あっあっ
ああん
タポタポ
ああいい～
ギシ ギシ ギシ ギシ ギシ ギシ
ゴムを着けているという安心感から自然な流れで挿入できるようです

⑦ド直球
カポ
んぐぐ
ふぐぐ
……ねぇキミ
もう一人のコンドーム派も紹介しましょう
ハイ?
オレさぁコンドーム着けるから
カサ
ほーら着けました
キュ
ねぇ着けたからいいよね?
ドサ…
はいそんじゃ
あん!!
はめっち
ずいぶんな直球です
⑧穴おだて
あっあっ
ヌチュ
お～
これは狭いぞ!
穴、小さいね～よく言われるでしょー
カポふぐ
う、うんたまに言われる～
クイクイ

やっぱりねー
締め付けが
すごいもん
ねえ
オレのコレを
ちょっとだけ
あててみても
いい？
えー？
大丈夫
あてるだけ
だから
ピタ
ピト
ピタ
うわっ
やっぱりすごい
小さい！
あてるだけでも
気持ちいい!!
ピタピタ
ピタピタ
こんなの
初めてだよ～
え…
え…
ぐっぽん
あっ
誉める派は穴だけを
誉めるみたいです
⑨プライドを逆手に
この方はまず自宅で…
スコココココ…
うっ
ドビュ
ペタ
ティッシュでフタ
ーと
ヌイてから
風俗に行きます
カポカポ
しゃぶぶぶ
んぐんぐ
あの…
ごめん…
え？

オレ フェラじゃ イケないんだよね
…そう なんだ
どうりで なかなか イカないなと…
スコスコ
でも中だったら どうにかなると 思うんだけどなー
は？
もう時間が なくなっちゃうよ
……
わかった わ…
あん あん
本番禁止 NO SEX
そう！ そう！
ギシギシギシ
女のコもイカせなきゃ プライドが 許さないんでしょうか
⑩最強理論
あーん…
クリクリ
ちょっと 待って!!
ねえ、キミ、生で フェラするとき
クラミジアとか エイズの可能性が あるじゃん
え？ え？
もしもオレが エイズだったとして
キミの口の中に 小さな傷や 口内炎があったら
伝染るかもよ それでいいの？

だからゴム付き本番の方が安全なんだよ
わかるよね？
ザ・スキン
グイ
スッ
ギシ…
…はあ
ズルル
ほら これだと安全安全
キュッ
せーので
ずぼし
あうっ!!
これはできそうな気がします
最後にこのスカーフ野郎の本番できる秘術を…
つーか、ブスが店のナンバー1の場合は本番させるからなんですよ
NO1
このコ指名！
しかし——
あ～ん
イクイク イク～♡
あんまりうれしくありません
ギュー
ドスン ドスン ドスン

第2章
ナンパの知恵

「和民」や「魚民」ならすぐに作れる女をグデグデにする即席カクテル

漫画……大串ゆうじ

酒で酔っぱらわせようと思ってたのに、女が警戒してぜんぜん飲まない。さてどうするか。

「和民」や「魚民」ならメニューにある栄養ドリンク「レッドブル」を注文しよう。

焼酎をそれで割ると、面白いカクテルができる。

味はアセロラハイをさらにジュースっぽくした感じで、飲めばレッドブルに含まれてるカフェインが酔いを早め、女はすぐグデグデになります。

アルコールに小さじ一杯混ぜるだけで飲めばベロベロ

昔、アルコールに目薬を垂らすと、飲んだ人間がたちまち泥酔するなんてウワサがあったが、今の目薬の成分ではそんなことは起きない。

　現在、目薬に取って代わる液体は、咳止め用シロップのブロンだ。こいつを小さじ1杯分ほど酒に混ぜれば、反射神経の働きを抑制する成分とアルコールの相乗効果で、キョーレツな酩酊感をもたら

すのだ。さっさと酔っ払ってしまいたいときに自己責任でどうぞ。

アルコールの高い酒を女がごくごく飲んでくれればラクに落ちるのだが

漫画………くみハイム

女の子ってカシスオレンジなんかはゴクゴクいくくせに、アルコール度数の高いのはなかなか飲まないもんです。ましてやおっさんくさいウイスキーなんて。

でもあらかじめフリスクを食べさせるとアラ不思議。ウイスキーの芳醇な香りだけが残った水、のような味になるんです。日本酒やワインでも飲ませられますが、一番相性がいいのはウイスキーだとアドバイスしておきましょう。

格安で、しかも女の出会い欲が強い街コン。それは二次会だ

街コンの費用は5千円〜7千円とけっこう高い。確実に女をゲットできる保証もないのに、そんな額を支払う気になどとてもなれないものだ。

なので俺は、最近の街コンでよくある、希望者のみ参加の二次会から顔を出している。わずか

2千円程度で済むからだ。

一次会の店舗はホームページなどで判明するので、終了時にその周辺をうろついていれば、二次会への案内をする主催者が見つかるものだ。わかりにくければ一次会参加者（いかにもな2人組）に尋ねてみてもいい。

二次会に参加する女ってのは、一次会で満足できなかったからそこにいるわけで、必然的に出会いに対するモチベーションも高い。

主催者側はこのような途中参加を許してはいないが、二次会の受付では、街コン参加者の印であるリストバンドが不要（一次会終了時に捨ててる人が多い）なため、他の連中と一緒に紛れて入り込めば、まず見咎められることはない。

効果抜群!
街コンでイイ目立ち方をする
シンプルな方法

漫画……室木おすし

シンプルな発想から編み出したシンプルな手法だ。

・街コンは週末開催がほとんどなので、男性参加者はみな私服を着ている。

・男のスーツ姿に目のない女は世間にゴマンといる。

以上のことから、街コンでスーツを着ていけば、他の男たちより目立てるうえに女ウケも抜群ってわけだ。

お見合いパーティのプロフカードに必ず書くべきこととは?

漫画………室木おすし

お見合いパーティの男は誰もが「職業」の欄に「会社員」としか書かない。判で押したように。

女たちは結婚を意識しているのだから、ここは誰もが知る一流企業の社名を書くべし。おかげでオレはいつも中間インプレッションで7割以上の女からカードをもらっている。

婚活パーティでは まず美人ちゃんの友達と カップルになるべし

婚活パーティの経験者ならわかると思うが、女性陣は友人2人組で来ていることが多い。

美人さんが不細工なツレと来ているときは、美人は狙わずに、ツレのほうに「あくまで友達としてスタートしよう」的なノリでアタックをしかけよう。カップルになるのはそう難しくないはずだ。

で、美人のほうはカップルになってるかといえば、まずなってない。ブサイクちゃんのお付き合いで参加しているからだろう。よく

目撃しないだろうか。「あの子、あんなにモテてたのにカップル不成立かよ」ってなシーンを。

パーティ終了後は、3人で友達感覚で飲みに行こうと誘う。なにかと不安なブサイクちゃん、1人にされても退屈なだけの美人ちゃん、共に断る理由はない。

飲みの席では、2人ともに好きなタイプだという軽めのスタンスで接し、メールをかわすざっくばらんな友達関係が始まってから、美人ちゃんに力を集中する。

以上、ぼくがこれまでカノジョを2人作ったことがある方法だ。

お見合いパーティの常套質問「こういうの何回目ですか?」への正しい答えは?

お見合いパーティで女性から「何回目?」と聞かれた場合、「初めてです」と答えてしまうあなたの気持ち、十分わかる。私も昔はそうだった。

何回か参加していると答えると、いかにもモテない男っぽく思われそうなのに対し、「初めて」はナチュラルなカンジがして好印象を持ってもらえるという判断からだ。

しかし実はそれ、正解ではない。

「こういうとこ、何回目なんですか?」

「2回目だよ、1年以上ぶりだけど」

「へぇ～」

「前来たときはカップルになって付き合ったんだけどね」

「ってことは別れちゃったんですね」

「うん、ちょっと前にフラれちゃってね」

正解はこれ。自分が真面目な意識でパーティに参加していると思わせられるからだ。

具体的に付き合った期間を聞かれたら、「ちょうど1年くらい」と答えておこう。真剣交際していたことを顕示できる。

こういう下地をつくっておけば、いざホテルに連れ込もうとして「まだ付き合ってないからダメ」とグダられた際、「じゃあ付き合おう」と答えたときの説得力がぐっと変わってくる。

なんとなく好印象な出会い系のプロフィール「AKBにいそう」の男版はこれです

いつの頃からか出会い系のプロフィールに見かけるようになった「ＡＫＢにいそうって言われるよ」という文言。具体的にＡＫＢの誰に似てると言わずして、なんとなく男に好印象を持たせる魔法の言葉としてエンコー女に一気に支持されたわけだが、ついに我々男もその武器を手に入れた。

「関ジャニにいそうって言われるよ」

これだ。嵐やスマップだとキャラが濃すぎてメンバーの誰に似ているのかという話になりがちだが、関ジャニの場合、メンバー7人が醸し出す陽気な雰囲気自体がそのまま相手に投影され、好印象を持ってもらえる。女に容姿をきかれた際はこう答えよう。

男のエロ知恵140　ナンパの知恵

合コンで持ち帰るには誰を狙うのが正解か？

合コンで誰を狙うか。

ルックスや性格にこだわらない、ただヤリたいだけなら正解は簡単。ずっとビールを飲んでる子、の一択です。

最初の一杯だけじゃなく、ずるずるとビールばかり注文してる子、たまにいますよね。あの子たち、どういうわけか落ちやすいんです。

根拠は何か？　と聞かれても答えはありません。統計的にそうなんです。周りの男性に聞いてみても「確かにそうかも…」と返ってくるはずです。

アホらしいと断じる前に、まずは試してみてください。論より証拠ってやつです。

友人のカノジョとヤリたい場合は、別れた直後にこの台詞を

友人と、その彼女、そして自分。3人一緒くたで仲のいい間柄のパターンがときにある。ドラマにありがちな関係というか。

その友人カップルが別れた直後、オレはいつも鬼になる。彼女をなぐさめるフリをしながらこう言うのだ。

「まあ、アイツもしょっちゅう浮気してたみたいだし、別れて良かったんじゃないの？」

女は驚く。えっ、あいつ浮気してたんだ。別れたとはいえ、なんだか許せない。復讐心が燃え上がる。あいつが浮気してたなら私だって…。

厳密には彼女が今後誰とセックスしようが浮気にはならないのだが、女の思考とはそういう理詰めのもんじゃない。別れたあとで自暴自棄になることがイコール復讐になるのだ。

背中を押すために「実はオレ、○○ちゃんのこと好きだったんだよね」ぐらいのことを言えば、彼女は意を決して股を開いてくれることとなる。

男のエロ知恵140　ナンパの知恵

ナンパ行為でLINEが使えなくなっても心配なし!

むかつく話だが、ＬＩＮＥの運営者は、ナンパ行為にはげむユーザーに対してきびしい処分を下している。

①ライン掲示板に載せたＩＤを、以後、他人の検索に引っかからなくさせる。

②複数の人間に繰り返しメッセージを送りまくった場合は、スパム行為とみなし強制退会に。

①と②いずれの場合も、下されたペナルティを解除するには別アカウントを取得する他ないが、そもそもＬＩＮＥアカウントはひとつの電話番号で１個しか作れないため、番号を変えぬかぎりは不可能だ。

そんなときに役立つのがＬＩＮＥアカウント販売業者だ。ここに申し込めば、業者が自前の電話番号で作成したアカウントをひとつ１０００円程度で売ってくれるのだ。

細かい手順の説明は省略するが、とにかく業者から教えられたメールアドレスとパスワード、電話番号を設定画面に入力すれば、すぐに新たなアカウントでナンパ活動が再開できる。

居酒屋の「一緒に飲みませんか」手紙は一工夫だけで怖さが取れる

漫画………大串ゆうじ

居酒屋やバーでわびしい男2人飲み。おっ、すぐそばで女がコンドで飲んでるぞ。

そんなときは下手に声をかけるよりも、手紙作戦が有効だ。

『一緒に飲みませんか？』

でもこれだけじゃまだ弱い。というか怖い。キモい。

ところがどっこい、メッセージの横に自分たちのヘタクソな似顔絵を付け加えるだけで、怖さがさっぱりなくなってしまうのだ。

女たちが軽く笑えばすかさず

「これがあいつで、これが俺。似てない？」

と会話につなげよう。

男のエロ知恵140　ナンパの知恵

ただのカラオケを自分へのメッセージと思い込む女にはこの曲を

女がバカなのは、男がカラオケで唄う曲を、自分への気持ちを伝えてくれているメッセージと勘違いするところだ。こっちは知ってる曲をめっちゃテキトーに選んでるだけなのに。みなさんも出会ったことはないだろうか。「こんなの歌われたらグッときちゃうよ」とか言ってる女を。

なわけで、我々が知っておくべき曲は、クサい歌詞がオンパレードのラブソングだ。「○○ちゃんに贈ります」とかなんとか付け加えればなおよろしいかと。

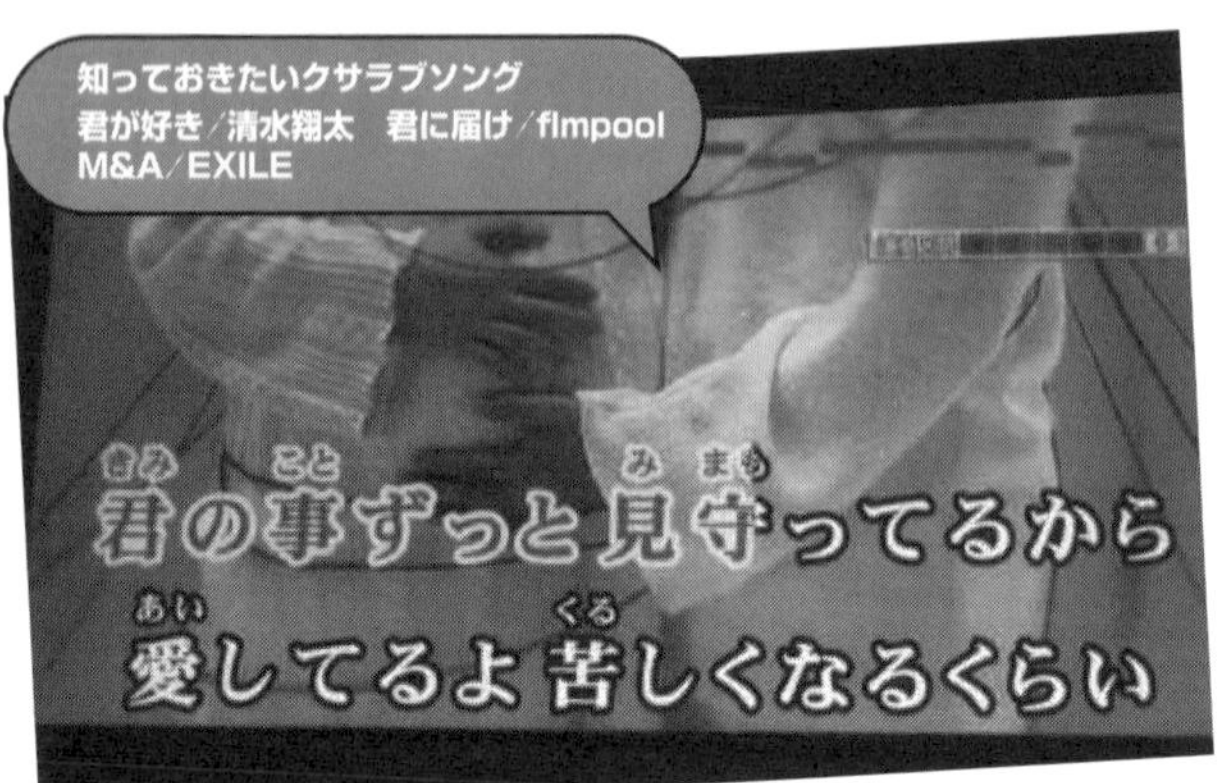
知っておきたいクサラブソング
君が好き／清水翔太　君に届け／flmpool
M&A／EXILE
君《きみ》の事《こと》ずっと見守《みまも》ってるから
愛《あい》してるよ 苦《くる》しくなるくらい

男のエロ知恵140　ナンパの知恵

さりげなく大企業勤務を伝える領収書の宛名作戦

出会ったばかりの女のコをメシに誘ったときに使うテクニックだ。

ポイントは、この段階までこちらの職業ははっきりと明かさないで、「商社関係」ぐらいにとどめておくこと。

そしてお会計の際、あえてスタッフに領収証を頼む。

「宛名はどうされますか？」

「三井物産で」

ここで初めて一流企業を偽るのである。自分から積極的にハイステータスをアピールするのはやらしいけれど、この流れならば自然に社名がバレてしまった形なので、やらしくないうえに、女はあっさり信じ込む。その後の食いつきがぐっと変わってきますよ。

ハメ撮りをイヤがる女も、この身のこなしならまず気づかない

彼女とエッチしてる姿を撮影したいけど、なかなか了承してくれない。こっそり撮ろうにも手にスマホを持ってるわけにはいかないし。

悩むこと半年、ようやく編み出したテクニックがある。流れを説明しよう。

まずは枕元にスマホを置いてエッチを開始。これはなんら不自然ではない。

適当なところで目隠しプレイに移行する。

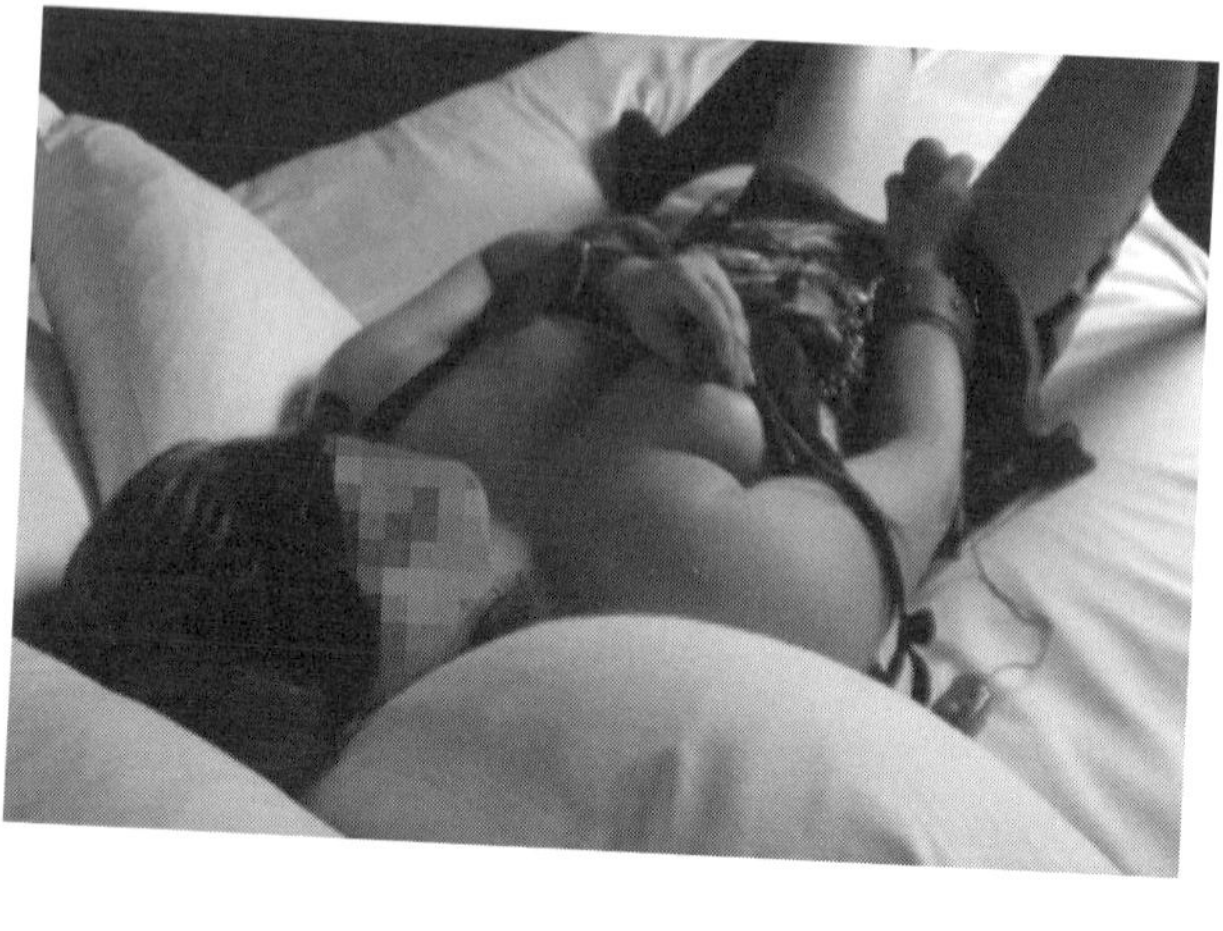

タオルでしばる程度でいいだろう。この程度なら拒まれないはずだ。

次にピンクローターでクリ愛撫をし、そのまま女の手にローターを握らせる。つまりオナニーだ。目隠しで羞恥心が薄れているぶん、ここもクリアできる。

で、ここでいよいよスマホを…いやいや、まだ早い。男が身体から離れてしまうと、放置プレイが不安になった女が目隠しをはずしてしまうかもしれないからだ。

なのでお次は顔面騎乗でフェラをさせ、あくまでまだ仲良くプレイしてまっせという態度を崩さないように。そして空いた手でスマホを取り、チンコを口から抜いて（次のプレイに移るかのように）身を反転させながらパシャリ。これで完成だ。

男のエロ知恵140　ナンパの知恵

下手なハダカ写メより音声を録っておいたほうがオカズ価値は高い

セックスシーンを女にバレずに撮影する自信のないボクは、いつもスマホのボイスメモ機能をオンにして、音声だけを録音している。

後でオカズにするにあたっては、この音声だけでも十分だとボクは提案したい。見ず知らずの女のアエギ声と違い、実際にプレイをこなしたときの音声は、現場の記憶をありありと蘇らせてくれるものだ。

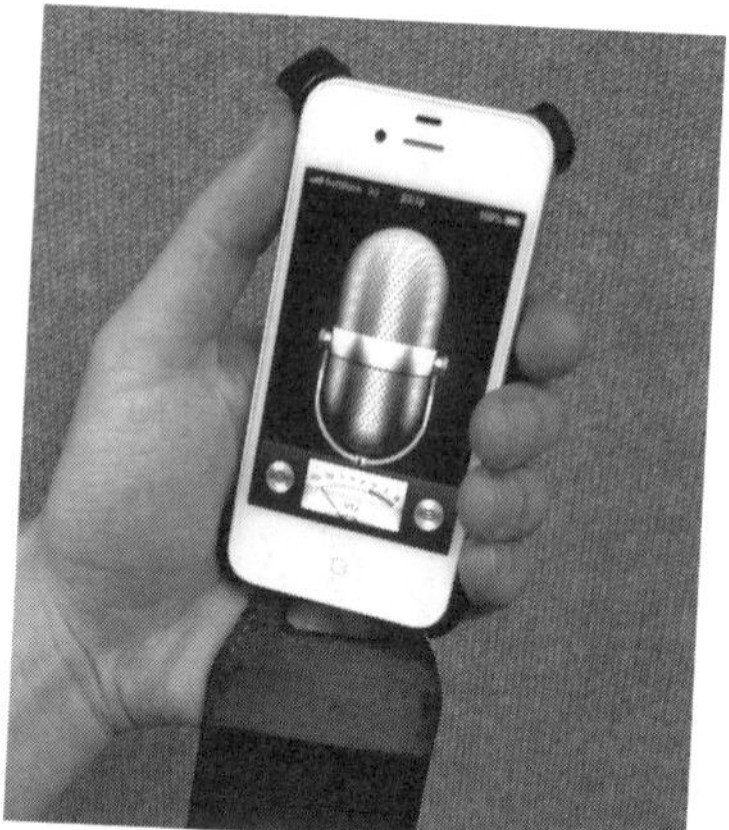

多くの男性は、映像がムリならせめて写メでもと、つい裸体の証拠を残したくなるようだけど、オカズ価値が高いのはダンゼン音声のほうだと思うのだが。

ラブホ代がないけど広々した部屋でヤリたい

女好きの友人がいる。とにかく片っ端から女を引っ掛けてはハメる男なので、ラブホ代はおろか漫画喫茶やカラオケに入るのももったいないそうで、ときどきアパートの空き物件に忍び込んでいるのだと。

老夫婦２人で営んでいるような小さな不動産屋に内見を申し出ると、わざわざ付き合うのも億劫なのか、ご自由にどうぞとカギを渡される。女と空き部屋に入って後は…ってわけだ。

布団もなくシャワーも使えない殺風景な部屋だけど、新居探し中の新婚夫婦のような気分になっていいんだって。

カラオケボックスでハメたいが部屋に監視カメラついてないよな?

カラオケボックスに女を連れ込んでサクッと済ませたいとき、気になるのは個室内の監視カメラの存在だ。店員に注意されるのもヤだし、ビデオが出回るのはもっとヤだし。

なんてお悩みの皆さん、いい情報を教えましょう。有名カラオケチェーンにも、監視カメラが一切ついてないところって多いんです。

遊び人は下の表を覚えておくように。

有名カラオケチェーン監視カメラの有無

カラオケ館	なし	シダックス	一部の店舗にあり
歌広場	なし	ビッグエコー	一部の店舗にあり
カラオケの鉄人	なし	カラオケ本舗 まねきねこ	ワンカラ神田駅前店のみあり

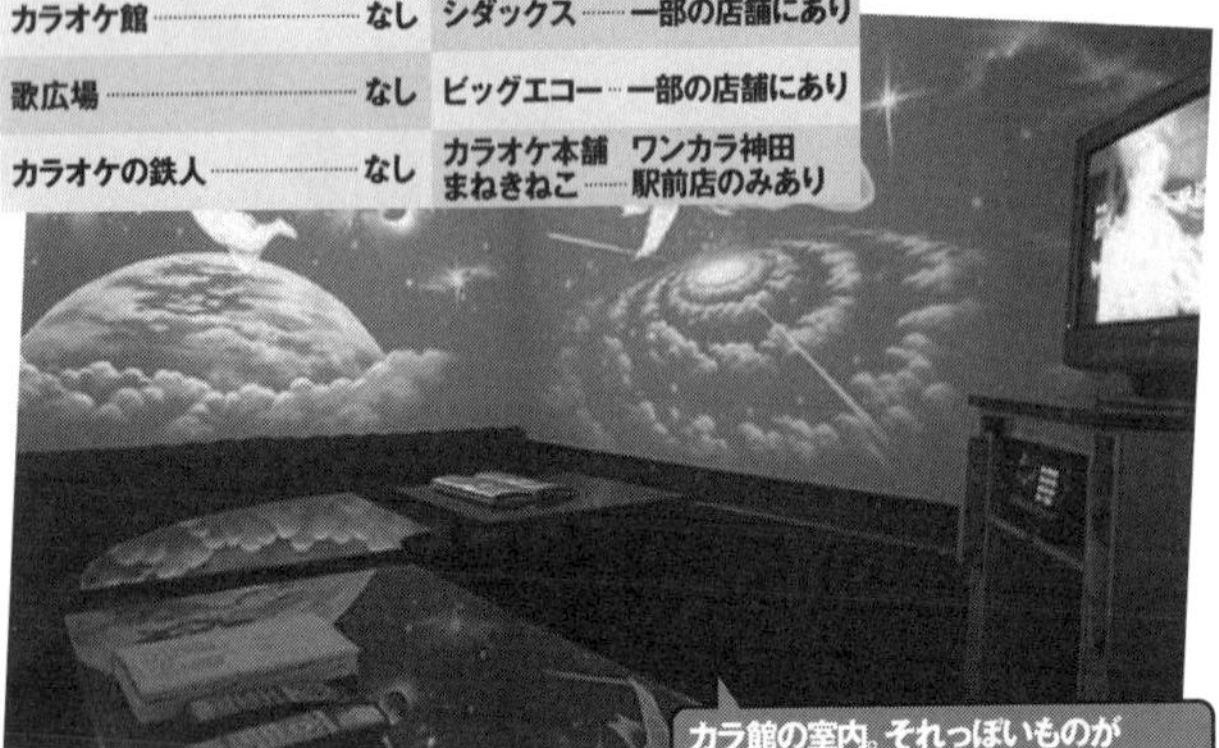

カラ館の室内。それっぽいものがあったとしても、カメラではありません

公衆トイレHの後男女2人で外に出るところを見られたらマズイ

コトをいたそうと、男女2人でデパートや公園の公衆トイレに入る。もちろん他に利用者がいないときを見計らって。

プレイを終えてさあ出ようかと思ったら、外に数人がいる模様。個室が空くのを待ってるヤツもいるみたいだ。まずい。女と2人で出たら何をしてたのかバレバレだ。

俺たちがよく使うのは、具合が悪くなったオレを女が介抱してました芝居だ。

「うおえええっ。おえええっ!」

大きくえずいてから、彼女の肩に手を回し、うつむき加減によろめきながら出ていけばよろしい。

平日昼間のラブホなのに安い部屋はぜんぶ埋まってやがる

平日の昼下がりに女とラブホへ。フロントのタッチパネルで空き部屋をチェックしたところ、空いているのは値段の高い部屋が２つだけで、他はすべて埋まっている。くそっ、あんまりカネ使いたくないのに。

今後もし似たような状況に出くわしたら、素直に高い部屋をえらぶ前に、まずフロント係に尋ねてみるといい。「持ち合わせが４千円（安い部屋の料金）し

かないんだけど、他の部屋いつ空きますかね？」

ラブホ業界には、平日のヒマな時間帯に限り、わざと安い部屋を満室表示にして、高い部屋から順に埋めようとする慣例のようなものがある。カネのない客を装えば、よそへ逃げられるよりはと、安い部屋を空けてくれるものだ。

「10分ほどで清掃が終わりますのでお待ちいただけますか」

とかなんとか偽って。

男のエロ知恵140
勇気いらず、無視されず
ごくごく自然に
女に声をかける方法教えます
リポート
源田トオル（仮名）、
28才。都内在住。
派遣社員
漫画・倉橋光男

あ、あの…
くぅ〜 またダメだった
見ず知らずの女にどう声をかけていいのかわからない
これ、ナンパ初心者なら誰もが経験する最初の大きな壁ですよね
カッ
カッ
カッ

実はボクも
いまだに
最初の声かけが
苦手でして
だって
勇気がいるし
無視されたら
ショックだし
なので
ボクの場合は
女の子に話しかけても
不自然じゃない状況を
わざと作り出すように
してるんです
今日は皆さんに
その秘訣を
紹介しちゃいますね
まずはもっとも
オーソドックスな
手法から
お、かわいい
すいませーん
鉄人カフェって
お店を探してるんです
けど、知りません？

コツは、男1人では入りにくそうな雰囲気の店の近くで声をかけること
あ、鉄人カフェならすぐそこですよ
ほら
Tetsujin Cafe
CAKE
なあんだこんな近くにあったんだ
こういう自然な流れの中だからこそ次のようなセリフもスラッと口にできるのです
あの、ちょっと1人では入りにくいんでもしよかったら一緒にお茶でもしませんか？
もちろんおごりますんで
じゃあちょっとだけ
ね、これなら抵抗ないでしょ？

大戸屋
ごはん処
大戸屋
ごはん処
こういう光景ってたまに見かけますよね
入るかどうか迷ってるような
ここはストレートに
おいしそうなのありましたか？
あ、いえその…
ボクも1人なんですよ
よかったら一緒に入ろっか
あ…
はぁ
――と誘うのが正解

終電を逃した
深夜帯にも
チャンスは
転がってます
すいません
どちらまで
行かれます？
え
池袋近辺
ですけど…
よかった
ボクもそっち
方面なんですよ
イヤじゃなければ
ワリカンで相乗り
しません？
あ
そうですね
安く済むので
食いついてくるコは
多いですよ

車中で連絡先の交換ぐらいはできますしね
タクシー絡みといえば、こういうパターンもあります
ん？
こんなとき
タクシー捕まらないの？じゃ、送ってあげるよ
こういう声の掛け方では怖がって乗ってきません
なので
ガァァァー…
カッチ
カッチ

ピ
ゴトトン
あくまでも別にどっちでもいいけど的な口調で
大変だね おれ方向こっち だから乗ってく？
え…
どこまで行くの？
中野ですけど
ああ、ちょうど通るから乗ってけば？
…いいんですか？
すいません
わざわざ狙って停まるのではなく用事で降りたついでに乗せてあげる形にするだけで恐怖心は薄まるんです

観光地では
120%断られない
第一声があります
撮ろっか?
あ、
お願いしまーす
ほらね
でもこれだけじゃ
話が続かないので
必ず
どっから
来たの?
あ、
山形です
そこ曲がったとこの
あんみつ屋
入った?
おいしいよ
そうなん
ですか
ちょっと
行ってみよっか
案内するよ
あらかじめ 女の子の
好きそうなお店を
リサーチしておきましょう
断られたらあきらめてください

コインランドリー
ガラン
ガラン
意外と使えるのがここ
あの〜
はい？
コインランドリーの使い方、教えてもらえませんか？
はじめてなもんでして
ええ、いいですよ
ここにお金を入れて…
このボタンを押して…
カチ
ジャー
ひゃー助かりました ひとり暮らしに慣れてないもので 学生さんですか？
ええ
洗濯の待ち時間ほど退屈なものはありません 会話は勝手に始まるでしょう

GAME
たまにいるでしょ こういうの
第一声は コレ
取って あげよっか？
チャリ
チャリ
俺、得意 なんだよね
こうなったら ターゲットはその場を 離れません

あっ、くそ
下手でも
いいんです
あ
もーちょい
あーん
おしいっ
もし
取れたら
はい、
プレゼント
ありがとー
じゃ、ご褒美に
お茶つきあって
取れなくても
やっぱりムリ
みたい
うーん
お茶飲みながら
残念会しよっか
ははは
UFO

ゲーセンには
他にもターゲットが
います
彼氏が他のゲームに
いることが
多いのでしばらく
様子見してから
あの、ちょっと
席外すから
このメダル見てて
もらっていい？
…あ
はい
ありがとー

ありがとう
助かったよ
これ、
お礼にどうぞ
ギャラ
ギャラ
ギャラ
ギャラ
あ、
すみません
1人？
あ、はい
こんな感じで
会話スタート
です
どれも勇気が
いらないので
簡単でしょ
ただ、その後
どこまで親密に
なれるかはみなさんの
腕次第ですよ

第3章 ワリキリの知恵

オホッ
さて、エンコー代を払う時間ですが…
パッ
すぐ戻ってくるね
ビッ
店員に告げるという行為を挟んでおくだけで
走れ〜〜！

男のエロ知恵140　ワリキリの知恵

エンコー慣れした女かどうかメールで判断したい

エンコーと一口に言っても、相手がセミプロのような常連女か、「合宿費用が足りないから一回だけ頑張ってみよっ」女かでは、興奮度が段違いだ。

そのあたりのことは女もわかっていて、どいつもこいつも慣れてません風を装ってくるわけだが、やはり常連には常連にしかない匂いがあり、どこかでボロを出してくる。

エンコー慣れしているかどうかを判断しやすい、掲示板やメールの文言を挙げておこう。

確実に会いたい

過去にすっぽかしに遭遇したからこそこんな念押しをしてくる。

さくっと

「カラオケで」「車内で」ささっと終わらせましょうの意味だ。

ノーマルでお願いします

ノーマルなセックス希望、つまり痛い、気持ち悪いものはイヤだと言っている。過去の苦い体験がなければこんな発想は出てこな

い。

ホ込（ホ別）

有名な用語だが、それでも素人は使ってこないものだ。

話がはやい人

ダラダラとメールするのではなく、早く決めてお金をもらいたい、まさに商売女の心理をあらわしている。

即会

前と同様、さっさと会える男を探している。この略し方は素人に思いつくものではない。

ゴム有

ゴム無しというジャンルがあることを知っ

ているのはセミプロの証。

こちらが話を振って
理解できたら
エンコー慣れの証拠

DK有

ディープキスができることを意味する。

生外

「生ハメ外だし」とすぐに理解できる素人はいない。

口内OK

口内発射できる、の意。字面からおおよその意味はわかるが、素人ならあらためて確認してくるはず。

プチ

本番まではしない、手コキやフェラを表わす。慣れてる女は嫌がり、素人には意味が通じないことが多い。

18才とエンコーしていいの？ 高校生だとマズイよね？

エンコー娘が溢れる日本では、その気になればすぐにセックスができる。

しかし当然ながら法律は守らなければならない。たとえば出会い系で会った女が「17才だけど高校は中退してるよ。2万でどう？」なんて言いだしたとき、果たして手を出していいのか？

以下の表を覚えておけば、無駄な心配や違法な行為をせずに済むだろう。

※法令はすべて2014年5月現在のもの。

買春
- 18才未満……×
- 18才高校生……○　売春防止法違反だが罰則の規定なし。
- 18才以上……○　売春防止法違反だが罰則の規定なし

タダマン
- 18才未満……×　婚約関係、18才未満同士の真剣な交際は○
- 18才高校生……○　法令上18才以上は可。条例に「高校生」の記載はない
- 18才以上……○

○万でどう？と誘う
- 18才未満……△　実際にセックスをしてなければ問題ないが、出会い系での勧誘はその時点で×
- 18才高校生……○
- 18才以上……○

プチエンコー
- 18才未満……×
- 18才高校生……○　売春防止法違反だが罰則の規定なし
- 18才以上……○

売春を斡旋
- 18才未満……×
- 18才高校生……×　風俗は例外あり
- 18才以上……×　風俗は例外あり

こいつタダでヤレるよと友人に紹介
- 18才未満……×
- 18才高校生……○
- 10才以上……○

男のエロ知恵140　ワリキリの知恵

エンコー女のプロと素人はこの質問で見分けられる!

出会い系でワリキリをよくする。基本的にやってくる女は職業=売春婦みたいなプロが多いのだが、オレは事前のメールでこれを回避してなるべく素人くさい（援交経験の少ない）女とアポるようにしている。

コツはひとつ。ワリキリを了承させたらこのメールを送るだけだ。

〝何時くらいまで大丈夫？　会えるのは夕方くらいになりそうなんだけど〟

これに対する女の答えが判断の基準になる。

素人の場合→『7時くらいまでなら〜』などと具体的な時間をあげてくる。

プロの場合→『時間がはっ

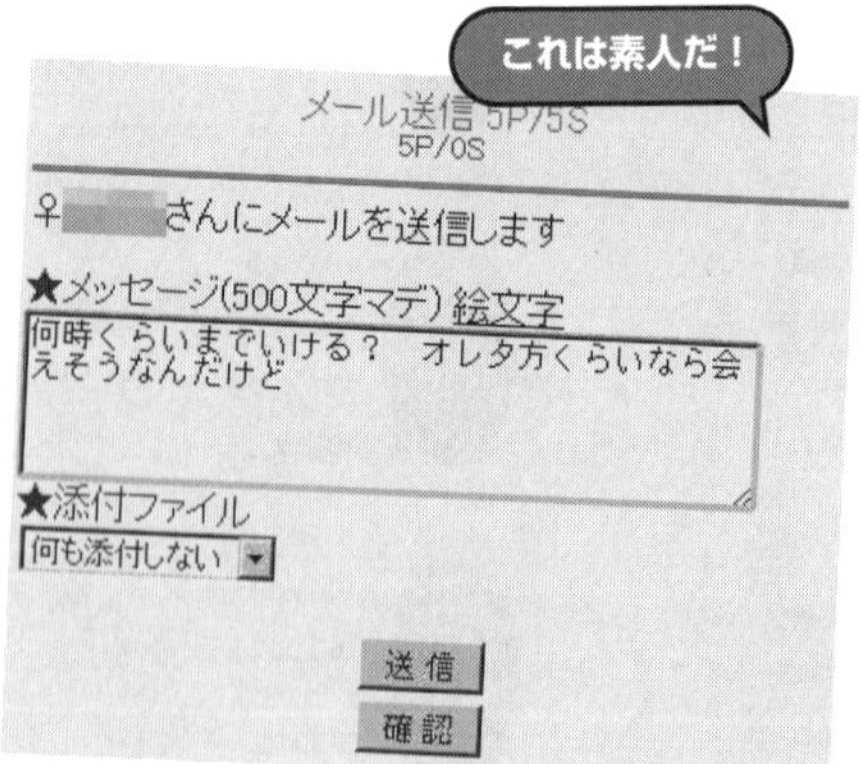

きりしたら連絡して』など。

素人はまともな会話のキャッチボールが成立するが、プロのエンコー女は複数の客と同時にやりとりして数をこなしているので、時間に関する確約ができず、かつ融通を利かせようとするのでこのような返信になるわけだ。

エンコーのメール履歴、俺はちゃんと消してるけど女も消去してくれてるのか?

漫画………シライカズアキ

例えばエンコーで、例えば不倫で。メールのやりとりを残したくないケースで気になるのは、相手もきちんと消してくれてるかどうかだろう。

「Privnote」（https://privnote.com/）というサイトは、その不安を解消してくれる。やりとりはマンガの通り、少々まどろっこしくなるが、メッセージは一度読むと消去されるので安心だ。

ももクロ好きな女と出会ったら迷わずプチを提案せよ

女と話していて「ももクロやアニメが好き」という言葉を聞いたら、あなたはラッキーだ。すぐにでもプチエンコーを提案してみるがよい。乳もみ3千円、フェラ1万円ほどで交渉が成立することだろう。

この、ももクロ好き＝プチに無抵抗現象、理屈をこじつけようと思えばどうとでもできそうだが、そんな作業に意味はない。そういうものなのだと覚えておくだけでいいだろう。その手のオフ会の後で幾度となく舐めさせてきたぼくが言うのだから間違いない。

ただし彼女たち、なぜか手マンやクンニだけは拒む傾向にある。性器だけは必死で守ろうとするのだ。無理強いは禁物だ。

男のエロ知恵140　ワリキリの知恵

スカウトマンの常套手段“掛け算の法則”でキャバ嬢を2万で抱く

オレの友達、AVスカウトマンをやってるだけあり、女を口説くのが上手い。先日も美人キャバ嬢とヤったと笑っていたので手法を聞いたところ、やっぱり賢いことをやっていた。

「愛人契約を持ちかけたわけ。1回2万で、会うのは週2回。1ヵ月では、掛けること8なんで、16万の条件でどうって。まとまった収入になるよって」

なるほど、食い付くコがいてもおかしくない。

「それで話がまとまったんで、1回だけ会ってヤッて、あとはトンズラ。2万でキャバ嬢を抱けたわけだからいいでしょ？」

この「何回かやればまとまったお金になるよ」と迫るトークテク、スカウト業界では「掛け算の法則」と呼ばれるオトシの常套手段なんだと。

「お金の問題じゃないんで～」とワリキリを拒絶する女もこの方法ならば

キャバクラ嬢をカネでどうにかしたい。そんなとき、オレは1万円の札束をある程度用意して店にいく。

タイプのキャバ嬢が席についたら、しばらくお話をしてからこう切り出す。

「いくらだったら一晩付き合ってくれるの？」

そこで財布を取り出し、札をテーブルに乗せていく。

「1枚はさすがにキツイよね。じゃあ2枚。ダメか～。3枚…」

女は「やめてくださいよ～お金の問題じゃないんで」などと言うので、今度は逆に札を減らしていく。

「あ、そう。じゃあ減らしてくわ。4枚、3枚…」

「え、えっ、ちょっとストップ！」

女からしたら、一度見た（自分のモノになりかけた）現ナマが減っていくことで、まるで身銭を削られてるような気持ちになり、ストップをかけてくるのだ。

結局あいつらはカネなんですよ。

男のエロ知恵140　ワリキリの知恵

手を尽くしてもオチない女には恥ずかしがらずにこの台詞を

どういう出会い方でもいい。ナンパでもお見合いパーティでも出会い系でも。

そういう女たちにいろいろ手は尽くしたけど、どうにもヤレそうにないなってときは、この一言を口にしてみよう。

「わかった。お小遣いあげるから、ちょっとだけ付き合ってよ」

好青年キャラで進めてきたのにそれはちょっと…と案ずるなかれ。女はキャラの一貫性など求めちゃいない。お小遣いと聞けば態度を軟化させてくる女はほんとに多いので、当たって砕けろの精神で誘うべきだ。マジで。

男のエロ知恵140　ワリキリの知恵

プチやり逃げの第一歩は最初にサイフを開くこと

ヤリ逃げの原則は、先払いの回避だ。

オレはよく、カラオケでの手コキ3千円でアポるのだが、一緒に入店してすぐサイフを開くことにしている。

「んじゃ、払っとくね。あ、万札しかないや」

女が7千円の釣りを持っている確率は1割もないので、ここでもう一芝居。

「ちょっと崩してくるか。あっ、後で精算のときに崩れるから、そんときでいい？」

これらの芝居によって、「この男の人はちゃんと払う人だ」とがっつり印象づけられる。手コキを堪能し、レジで精算が終われば、店を出た瞬間にダッシュだ。

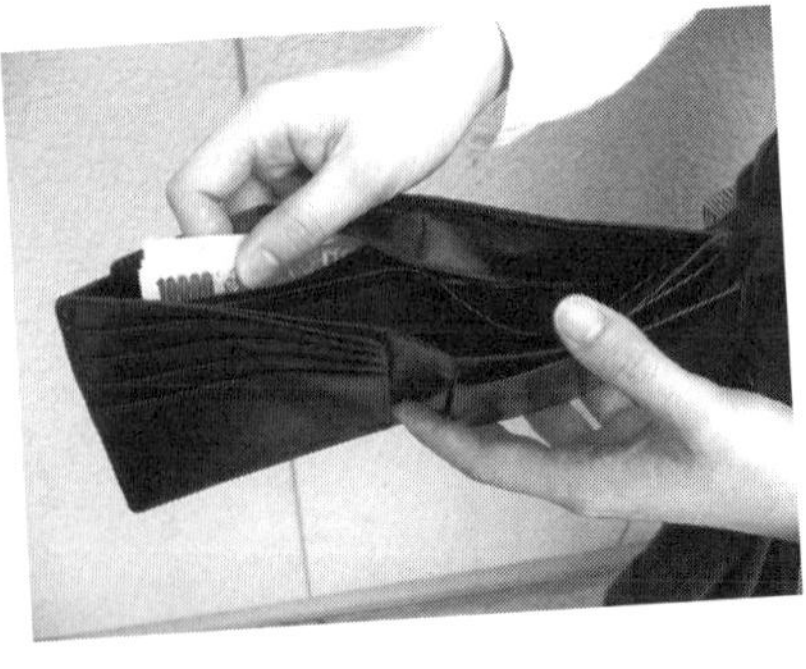

エンコーでアポった女がめっちゃブス! でも断るのは勇気がいるなぁ

出会い系でアポったエンコー女がめっちゃブスのときでも、ナイーブな男は「やっぱ止めとくわ」とはなかなか言い出せないものだ。

そんな男性に秘策をひとつ。まずはアポ場所に向かう前に、『3発は抜いてくれるよね』『アナルもしたいんだけど大丈夫だよね？』などムチャな要求を書いたメールを作成し、ワンタッチで送信できる状態にしておく。

そしていざ待ち合わせ場所。ブスが現れたら、ポケットの中でさきほどのメールを送信する。

「こんにちは～」

「こんにちは。さっき送ったメール見てくれた？」

これでめでたく女の方から「こんなの無理なんだけど」と断ってくれることになる。

男のエロ知恵140　ワリキリの知恵

特上クラスのエンコー嬢を2万円で抱くには?

『ホ別5で2時間。見た目に自信があるコ限定』

このように、高額でエンコー募集をかけると、本当にレベルの高い子がやってきます。人並みな容姿の女は、会ってから断られることを恐れて応募してこないものなんです。

でもいくら美人だからといって素直に5万も支払うのはバカバカしい。そこで使うべきがこの台詞。

「ごめん、用事が入って40分くらいしか時間ないんだけど、2万にならないかな?」

わざわざ出てきたのに手ぶらで帰るか、それとも短時間で2万もらうか。この二択に迫られ、3割ぐらいの子がOKを出してきます。

この作戦、べつに断られたって懐は痛まないし、OKなら万々歳。どうせセックスなんて40分もあれば十分なんだし。

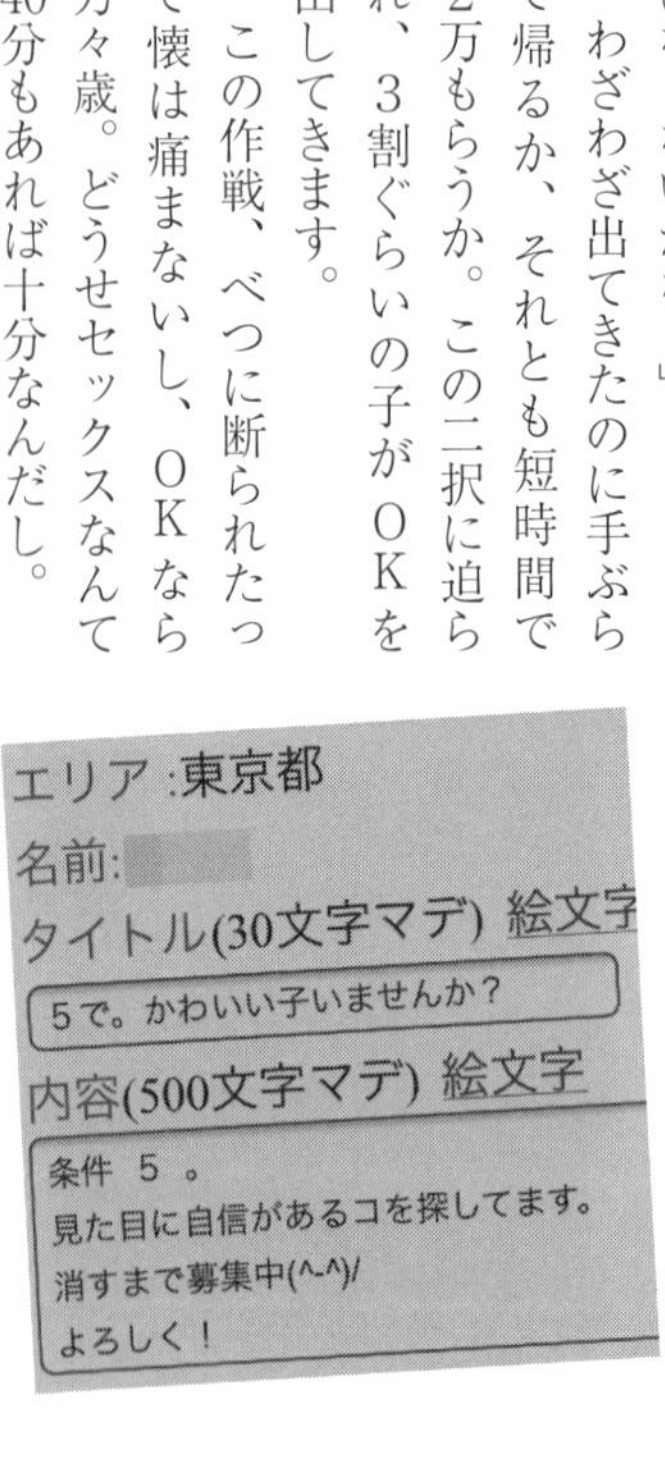
エリア :東京都
名前:
タイトル(30文字マデ) 絵文字
5で。かわいい子いませんか?
内容(500文字マデ) 絵文字
条件 5 。
見た目に自信があるコを探してます。
消すまで募集中(^-^)/
よろしく!

数千円でも エンコー代を値切れたら 大きいですよ

オレのエンコー値切りはシンプルだけど非常に効果的だ。ホ別イチゴー希望の女と会うとき、わざと財布の中身を1万5千円きっかりにしてアポに向かうだけだ。

「やべ、イチゴーぴったりしかないわ」

「え？　ホテル代は？」

「うーん、どうしようかなぁ。家に帰らんと金ないし…」

「んー、じゃあそれでええよ」

ホテル代込みイチゴーで済むから、3〜4千円ほど浮くことになる。この金額は、「こいつを断ってまた別の人を探すのも面倒だし…」と女に思わせる絶妙なラインだと自負している。

カラオケエンコーのやり逃げで女に信用させるための一手間

漫画………なかむらみつのり

いきなり「金を下ろしてくる」と言って部屋を出ようとすると怪しまれて当然だが、マンガのように店員に外出の旨を告げるだけで、女は途端に安心する。不思議なものだ。

男のエロ知恵140
秘伝
プチ崩しの術
わずか数千円で本番するには？
中村ゆうすけ（リポート）34才。
風俗系のフリーライター
漫画・子原こう

今の
エンコーの相場って
安くて
イチゴーですかね
でもそれは
こんな女の場合で
このレベルになると
やっぱ最低3万は
覚悟しなきゃなりません
ところが
プチエンコーなら
話は別です
このレベルでも

手コキだけなら6千円とか
パンツ脱ぎなら5千円とか
そこで
この俺は
そんなプチ娘たちを
なし崩しで本番に
持ち込んでいます
もちろん
追加料金ナシで
ですよ

パンツ売り編
カラオケ
生脱ぎ嬢は
携帯サイトで
簡単に見つかります
じゃあコレ
お金は先に渡しましょう
後払いにすると
ややこしい問題が生じます
じゃあ
さっそく
脱いでくれる
かな？
はい
スル スル スル
はい…
ここで一言

カワイイパンツだけど…これ、ちょっとシミのつきが弱くない？
え？
臭いも薄い気がするしいつから穿いてるの？
クンクン
今日の朝からですけど…
とりあえずもう一回穿いてこすりつけてみてくれる？
そうすればよごれるでしょ
こんな感じですか…？
いや、もうちょっとこんな感じで
ほらこんな風に上下にしながらさ
グリグリ
グリグリ
う、うん……

こうやって
指を回して
グリグリ
グリグリ
グリグリ
けっこう
濡れて
きたよ
クチュ
クチュ
もっと
汚さないと
ほら
クチュ
クチュ
クチュ
クチュ
……
ヂュ～
ほら、落ちました

ズッ
ああああああん！
ズッ
ズッ
ズッ
それじゃ　これ
もらってくね
あ、あの…
これ、もし
後払いにすると
エッチしたんだから
もっとちょうだい
みたいなことに
なりがちです
ここでは
支払いはすでに
終了しているという
シレッとした態度を
とりましょう

オナ見編
オナ見というと
こういうのを
連想しがちですが
ここでいう
オナ見は逆
こういう
プレイのことです
最近
この小遣い稼ぎが
女の子の間で
流行ってるんですよ
ハッピーメール
(出会い系サイト)
なんかでも
目立ちますし
じゃあ
これ
支払いは
やっぱり先です
じゃあ
始めて

あぁ〜
あぁ〜
あ〜〜
あ〜〜
基本
演技だと思って
間違いないでしょう
こいつら
男をナメてます
そこで
あ、そうだ
これ使って
くんない？
ゴソ
ゴソ
え…
んん…
んんん…
ああ…
あん…
ああん……
これでまず
演技から本気に
なるもんです
舐めて
ピチャ…
ピチャ

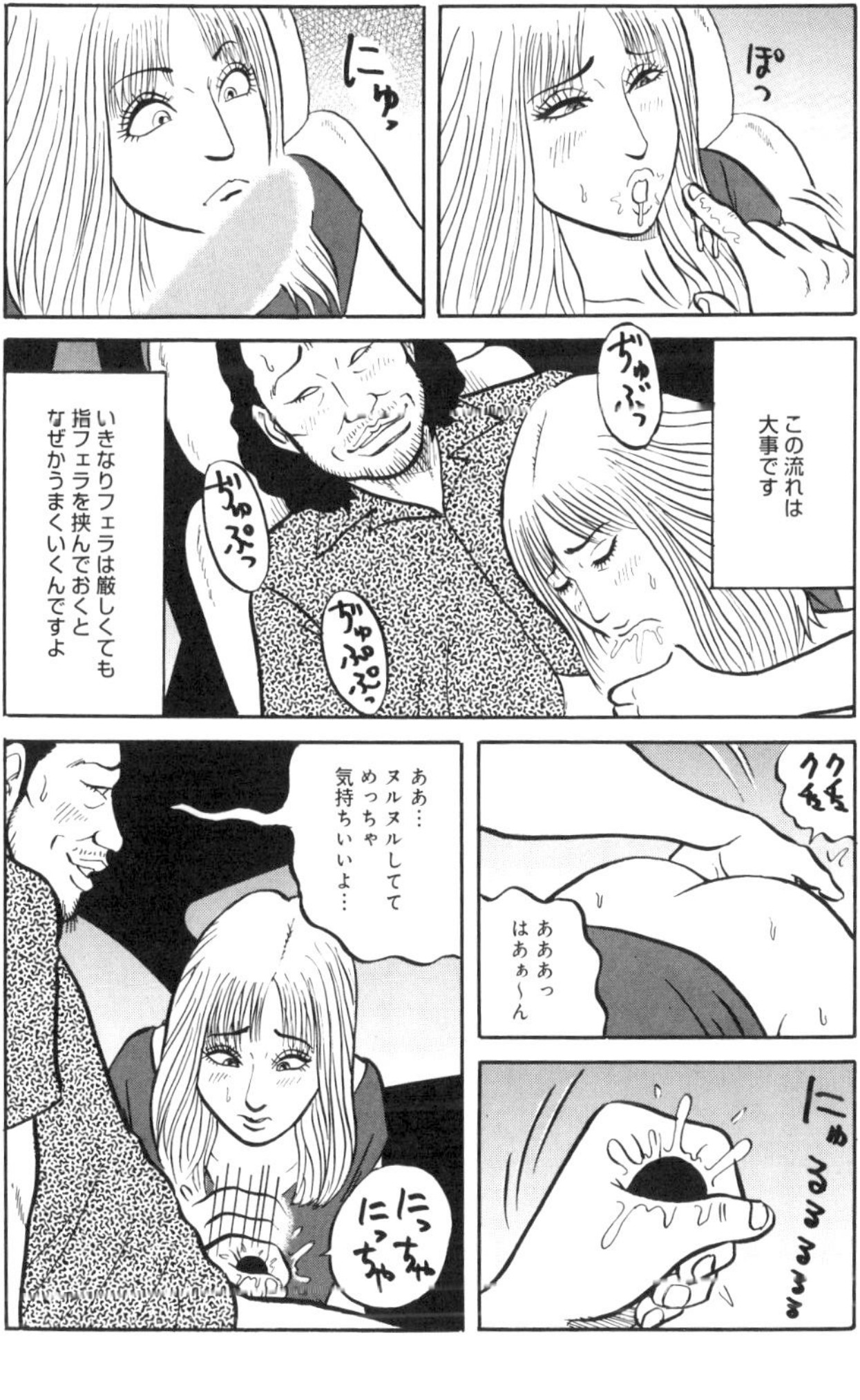
ぽっ
にゅっ
この流れは大事です
ぢゅぶっ
ぢゅぷっ
ぢゅぷぷっ
いきなりフェラは厳しくても指フェラを挟んでおくとなぜかうまくいくんですよ
あああっ はあぁ～ん
ああ…ヌルヌルしてて めっちゃ気持ちいいよ…
にっちゃ にっちゃ
にゅるるるるるる

ヌルヌル直接つけさせて
え…？
え？え？
にゅるるるるるる
大丈夫、大丈夫 ヌルヌルつけるだけだから
あ、あ… ちょ ちょっと…
にゅるる
大丈夫大丈夫
にゅるる
にゅるる
ズブブッ
はああっ！
ズッ ズッ
ズッ
ズッ ズッ
だ、だめ… 入ってる… あ！あ！あ！
ズッ
あああん あん！あん！ あぁぁ～～
ズッ
ズッ
成功したときの喜びはひとしおですよ

手コキ編
カラオケ
手コキ嬢も
最近は多いですね
相場は
5千円でしょうか
まず、とっかかりは
胸からです
ムニュッ
ダーメ
こういう女なら
あきらめるしか
ありませんが
7割方はこんなもんです
ムニュムニュ
シュコシュコ
シュコシュコ

ズリ…
ちゅぷ… ちゅぷぷ
シュコ シュコ シュコ
……
シュコ シュコ シュコ
機械的な作業をする女には自分が感じているフリをするのがベストです
ああ うまいねぇ… すっごい 気持ちいいよ…
たまんないよ…
ごめん、オレ、普通に手でされるだけじゃイケないんだよね
え？

ウソでもいいから
声とか
出してくんない？
演技で
いいからさ…
ペロッ
あん！
イかないと
いつまでたっても
終われないよ
シュコシュコ
だ…
だめだよう
ほら、
演技でいいから
声出して
クニュクニュ
あ…
あん…

ああん
ああああん
あん！
ああん！
あああん！
早く終わらせたい
だけの女もいつしか
本気で感じてくるので
あれ、
濡れてるよ
イヤだ…
ほらほら
あああん！
クチクチクチ
女の手コキが止まったら
後はこっちのものです

ズ
ああああああああ!!
ンッ!!
ああん！あん！あん！
い、いいぞ
もっと声出して
…あ…ああっ！
いかがでしたか?
バカ高い金を
払うより
全然いいでしょ！

第4章

セックス・オナニーの知恵

ふにゃチンはむりやり突っ込もうとしても跳ね返されます

漫画……シライカズアキ

チンコの立ちが悪いときは、穴に無理やり突っ込もうとしても、跳ね返されて余計に焦るもの。

そんなときは〝スライド作戦〟で。丘の上から穴に向かってすべらせていくと、亀頭が穴に引っかかる。少しでも入ればチンコも元気になり、あとはグングン突き進んでいくだろう。

道具いらず。その場ですぐできる早漏防止ワザ

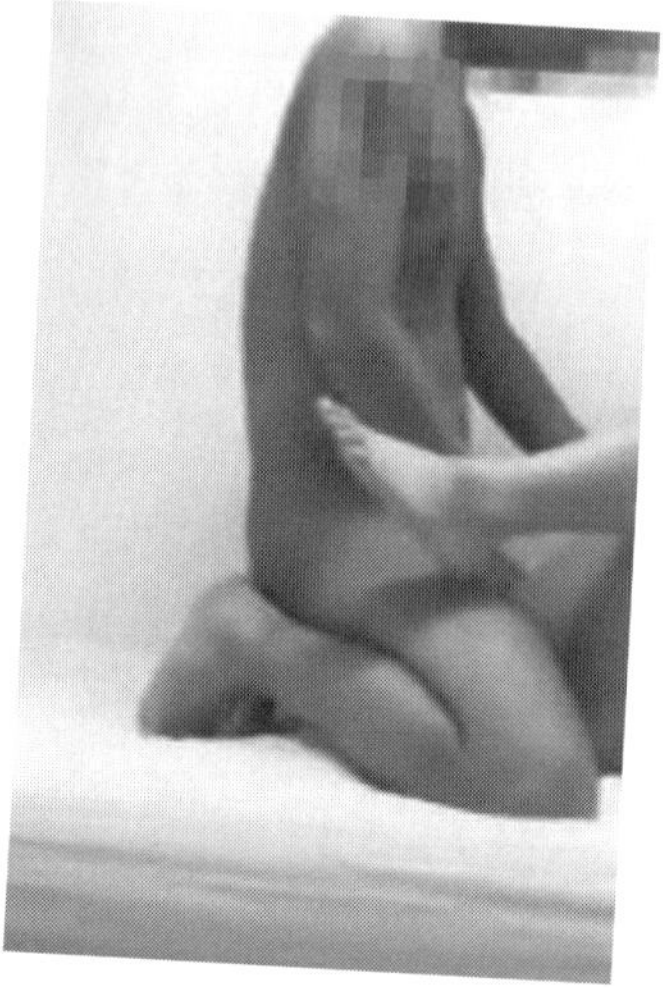

早漏でお悩みの方に俺が日ごろ実践している防止テクニックを教えよう。どれも効果バツグンな上に、道具などいらずその場で簡単にできるものばかりだから実用度はかなり高いはずだ。

金タマ袋伸ばし

金タマ袋には、射精感が迫ってくると収縮するという性質がある。だから故意に袋を真下に引っ張ってやれば射精を遅らせられる。

足指反らし

足の指先を床に押しつけるようにグイッと反らすだけでイキにくくなる。

女の予想を裏切る後ろからクンニを推奨します

クンニは、女の脚をカエルみたいに開いてペロペロするもの。と誰もが思い込んでいる。だから女も、乳首を吸われて男の顔が下がっていったら次はクンニね、と予期している。

これを裏切ろう。

まずは初っぱなから、女をうつ伏せにする。そして尻のほっぺを軽くチュッチュとして、中心部に舌をねじこむ。

よもやそっちからクンニが来ようとは！と女は驚き、恥ずかしがりながらも、自らお尻を突き出すようなポーズに。

この突然の四つん這いクンニ、意外性と羞恥心を与えられるだけでなく、クリトリスに血流が溜りやすくなり一切吸引しなくてもクリンクリンに固くなる。良いことずくめだ。

どんな下手クソでも確実に女を喜ばせるテクがあった

女を気持ちよくさせてやると様々なメリットがある。フェラ時間が伸びたり、乳首やアナル舐めをしてくれたり。非本番系の風俗嬢が本番させてくれることだってあるかもしれない。

そんなご褒美が欲しくて、我々はクンニや手マンを頑張るわけだが、当の女性たちは当然といった顔をしている。そんな凡庸な愛撫には意外性のカケラもないからだ。

しかしここに、誰でも思い切りさえあればできる、それでいて確実に女を喜ばせるテクがある。ズバリ、足指舐めだ。

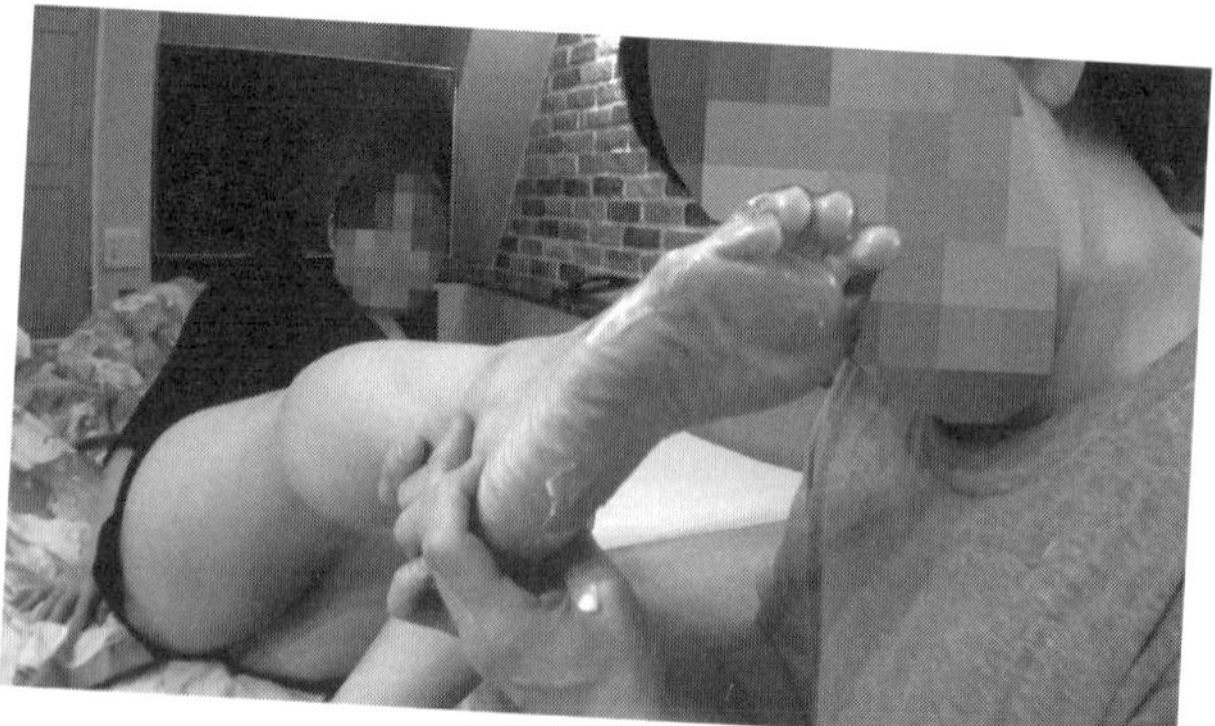

足指は知られざる性感帯なうえ、まず舐められた経験などない箇所だけに、女はうめき声を出して喜びまくる。ご褒美にも期待できるというものだ。

男のエロ知恵140　セックス・オナニーの知恵

スローセックスは言葉責めと併用すればなかなか面白い

最近のオヤジ系週刊誌を賑わす中年セックスノウハウ記事は、基本、「スローセックス」を推している。チンコを挿れたまま動かさずに抱き合うというものだ。

我々若者には関係なさそうだけど、これ、確かにどんな女にでもかなり効く。がつがつ腰を振るよりも、女は身体全体でジンワリ感じるようなのだ。

ただ、スローセックスはチンコに摩擦がないので、男にはさして快楽がない。だからゆっくり見つめ合える時間を利用して、卑猥な言葉責めを交えよう。

「こんなふうになるの、さっき飲んでるときから想像してたの？」

「やめてよ〜」

「なんか中がすごいピクピクしてるんだけど」

「恥ずかしいから言わないでよ〜〜！」

がつがつセックスだとこういう楽しみ方はできない。

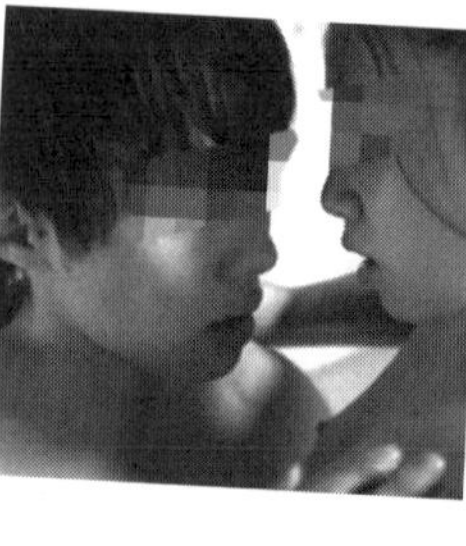

男のエロ知恵140　セックス・オナニーの知恵

締まりの悪い女は蹲踞（そんきょ）で乗り切れ

このポーズで締まる

マンコの締まりが悪い女にぶち当たったときのガッカリ感たるやない。お尻に指を入れれば締まるなんて話も聞くが、簡単にできることじゃないし、指が入ったとしても実際はほとんど効果がないことが立証されている。

最も効果的なユルマン対策は、騎乗位でのそんきょポーズに限る。チンコを挿入したら、女の膝を上げ、かかとも上げて、つま先で身体を支えさせるのだ。剣道の対戦前のように。

この体勢だと前後のグラインドはできないが、上下のピストン運動には支障がないので難なく絶頂を迎えられる。

クサマンを元から断つには本人に自覚させせよ

漫画………室木おすし

これまで巷で効果があるとされてきたクサマン対策って、特殊な石けんやウェットティッシュなんかを使って、男側が処理するってものばかりだったけど、それって違うと思うんです。やっぱり一番は、クサマン女に自分のニオイを自覚させ、自らケアさせることじゃないでしょうか。

もっとも、デリケートな問題なのでストレートに伝えるわけにはいきませんが、漫画のようにやれば傷つける心配はありません。

すぐには思いつかない セックス中に 女を辱める名セリフ

セックス中に女を辱めるセリフは、いざ現場ではなかなか思いつかないものだ。事前に頭に入れてコトに及ぼう。オレ個人的にはこの４つが使えると思う。

①正常位から女の体を起こし、
「ほら、見て？　入ってるよ」

これ、部屋のカガミを使ってもヌルヌル抜き挿ししてる局部までは見せられない。至近距離で見せつけるにはこれが一番だ。

②挿入したチンコを一度抜き、
「なんでこんなにテカテカしてるかわかる？」

これをやってる人はまずいないだろう。挿入後のチンコを女が目にする機会など普通はありえない。

愛液でテカテカに光ったチンコを見せつけ、「ほら、やらしい汁がいっぱいだよ」と教えてあげよう。

③「お父さん、はしたない娘でごめんなさいって言ってごらん？」

M気質の強い子は身体の快感と父に対する罪悪感との狭間でゆらぎ、膣がキュッと締まることがある。

④AVをつけっぱなしにして「あの子よりHな声出てるよ」

スケベなAV女優よりも君はさらにヤラシイ女なんだと諭してあげると、恥ずかしさのあまり、これまた膣がクイッと締まるものだ。

いついかなるときもローションは重宝するが、持ち運ぶのは重くてカンベンだ

漫画……大串ゆうじ

ローションは便利だ。女のアソコの濡れを心配しなくてもいいし、手コキにも使えるし、まさに一家に一本である。

しかし自宅なら大きなボトルを置いとけばいいけど、出かけるときに持ち運ぶのはさすがに大変だ。

そこで使うは「ローションの素」という商品。砂糖みたいな粉状のブツで、少量を唾と混ぜるだけでネバネバになる。サランラップなんかに包んで携帯しよう。

ゴムフェラは たっぷりローションと サガミオリジナルで乗り切れ

ゴムフェラというくだらないプレイがある。ちょんの間や手コキ店のオプションだと、まずソレだ。あんなもん誰が気持ちいいのか。いまどき援交女でさえゴムフェラなんかしないのに。

そうお嘆きの方に用意して欲しいのが相模ゴム工業株式会社の超極薄コンドーム「サガミオリジナル」だ。この厚さ0.02のポリウレタン製コンドームの中に少し多めのローションを垂らして装着すると、フェラが実に生々しく再現されるのである。ポリウレタンはゴムよりも熱を早く伝える性質があるため、ゴム製コンドームよりも断然ナマっぽいのだ。

フェラ嫌いの女にはこのローションを試してくれ

『LOVE SYRUP』というローションは、女子が大好きなメープルナッツの甘〜い香りがし、おまけに食べても問題ない。

どんなフェラ嫌いの女も、こいつをチンコに垂らすや、途端にパクリと咥えてしまう。まるでスイーツ菓子を頬張るときのように。

味付きローションにはイチゴ味やメロン味などいくつか種類があるが、どれも香りが人工的でウケは良くない。効くのはコイツだけだ。

嫁がセックスしたがるがこっちはまったく性欲がわかないんです

嫁とのセックスが苦痛でしかたない。だからやんわり誘われたときには、なるべく傷つけずに断りたいんだけど、どうしていいかわからない。そんな悩みを持ってる人、結構多いのではなかろうか。

であれば、私が日ごろ使っている回避策を参考にしてほしい。

①誘いに乗ってから腹痛

ちょっかいを出してきた嫁に、慌てて「体調が悪い」と断るのはあまりにわざとらしい。そうではなく、まずはこちらも応じる態度を見せ、キスぐらいはしてやる。で、そののち「やべ、急に腹が痛くなった」とトイレに逃げ込めば格段にリアリティが出る。

②知り合いが死んだことに

「実は今日、取引き先の人が亡くなったんだ。わりと仲が良かったからショックでさ、今日はそんな気になれないんだ。ゴメンな」

こんな理由なら納得する他ないし、嫁自身もしんみりするハズだ。人が死んだという話には、たとえその人を知らなくても、気

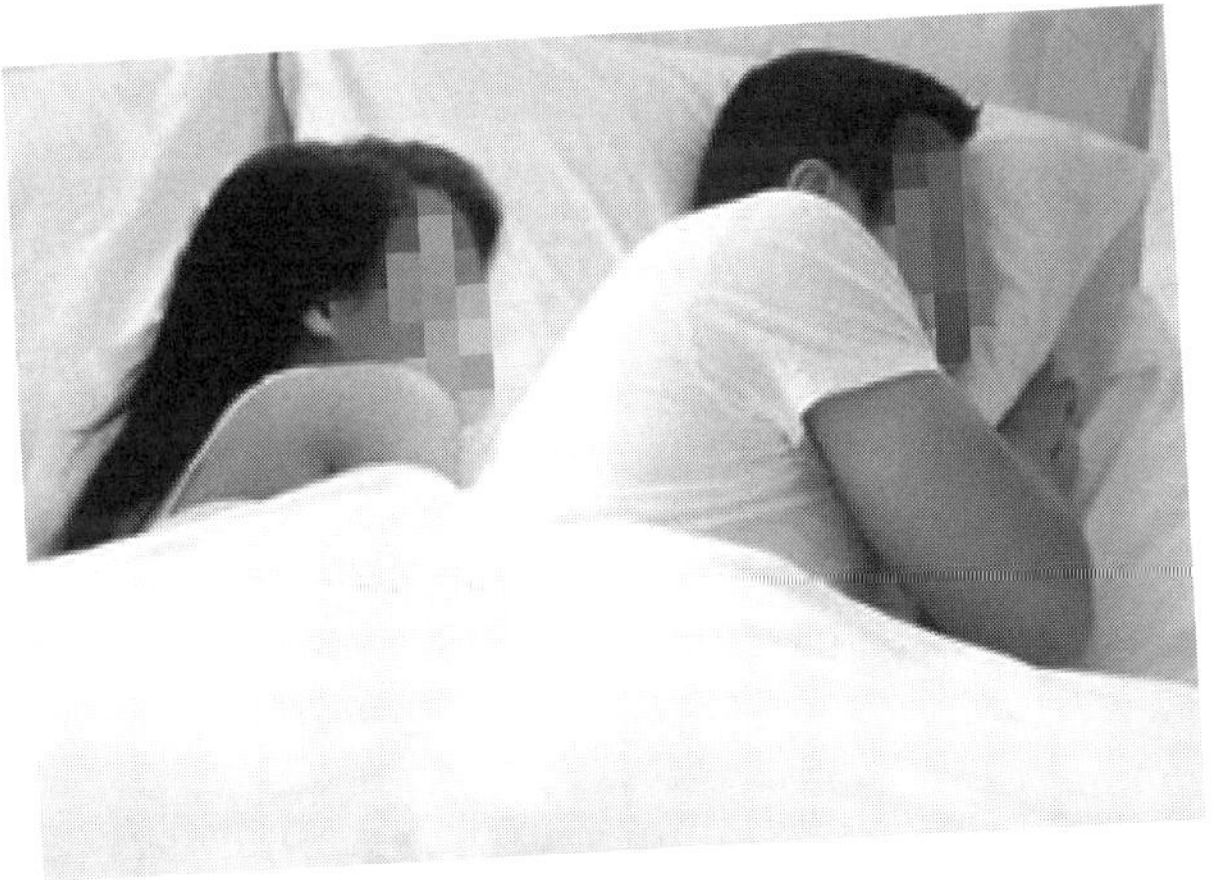

分をブルーにさせる力がある。

③日にちを指定

ここのところ仕事が忙しくて疲れてる、あと1週間で一段落するからそのときいちゃつこうと諭すのだ。これでセックス自体はイヤなわけじゃないアピールができる。

指定日をヨメさんの生理日とかぶるようにしておけば、さらに日数は稼げる。

④お前でオナニー

「実は今日、おまえの写真みてたらムラムラしてオナニーしちゃったんだ。もう勃たないからまた今度にしよう」

いろんな意味でちょっと勇気のいる台詞だが、ヨメさんとしては呆れつつも悪い気はしない。

マンガ喫茶でのセックスは女のアエギ声が厄介だ

漫画……中邑みつのり

マンキツで女にアエギ声を出されると、マジでビクビクします。店員に気付かれたら、注意されるんじゃないかって。

そんな場合は、女自身に自分の手で口をふさがせましょう。自分で声を出さないよう意識するからか、ほとんどアエギ声が漏れなくなりますよ。

こんなとこで勃起してたら変態と思われる!

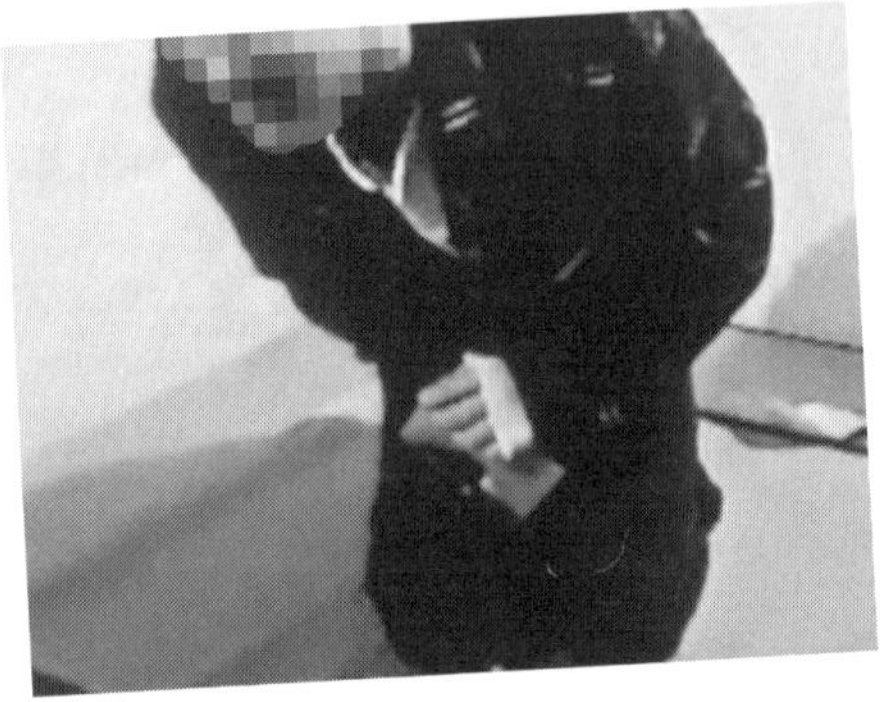

男の生理は不思議なもので、巨乳美人が目前にいるわけでもないのに、なぜか勝手にチンコが勃起することがある。電車やプールなどでこれが起きると恥ずかしいったらありゃしない。あわてて般若心経を唱えても収まらないし。エロのせいじゃなく、体の勝手な反応だから、頭を切り換えても意味がないのだ。

こんなときは痛みを与えてやるのが一番。脇腹の上にあるアバラ部分の薄い肉を思い切りつねってみてください。激痛を感じるポイントがあるはずです。ギュッとするだけで、チンコはふにゃふにゃになってくれますよ。

男のエロ知恵140　セックス・オナニーの知恵

なんだか最近ただのオナホ&ローションじゃ物足りないんです

ブランデーを飲むと喉がチリチリ熱くなる。あの感覚をチンコに適用させたのがオレのオナ法だ。

準備するもの
オナホール
ローション
ブランデー（40度数が最適）

オナホにローションを垂らし、ブランデーを数滴。軽くかきまぜてから勃起チンコをつっこんでスコスコスコ。

亀頭から竿部分まで、全体がじんわりと熱く、そして敏感になって、いつもの感触とは違う気持よさに包まれる。

オナホではなく手でシコってもいいのだが、アルコールは揮発性が高いのでその際はブランデーを余分に垂らすように。

男のエロ知恵140　セックス・オナニーの知恵

夢精しそうな淫夢を毎晩見られればどれほど幸せだろうか

淫夢。淫らな夢。オトコなら誰しも見たことがあるだろう。あれはいい。実にいい。生身の女とヤルよりもいい。

残念なのは見ようと思って見られるわけじゃないことだけど、それもやり方次第。長年の研究の末、私が編み出した方法を教えよう。

オナニーをして、射精しないまま、寸止め状態に。

精巣の動きを活発にし、精子を多く作るため、パンツの上にカイロを張って股間を温める。

催眠学習よろしく、ＡＶを流しっぱなしにしておいて、女のアエギ声を聞きながら寝る。

夢というのは外的要因に左右されることが多いため、経験上、これで５割の確率で淫夢を見ることができる。ただ、夢精まで突っ走れるかどうかは保証の限りでない。

ホントに使える媚薬を知りたいものだ

いわゆる媚薬的なもの、たとえば飲んだら全身が感じやすくなるだの、アソコに塗ったら愛液がドバドバ出るだのといった怪しい商品は、さほど効果が感じられない。

そこでオススメなのが温感クリームだ。

本来、手とか足に塗ることでポカポカしてくるというフレコミだが、実際はほとんど温かくならない。しかしこれ、女のアソコに塗るとどういうわけか熱～くなってくるのだ。あそこが熱いと、なんだかセックスも良くなったように錯覚するようで、彼女にも好評だ。

ただ膣内に塗るとさすがにカブレそうなので、大陰唇まわりに塗るのがベストだ。

コスメっぽくて いかにも感がないから 女が拒否らない媚薬

巷で売られている女性用媚薬はどれも毒々しいパッケージで、いかにも怪しいクスリに見えてしまう。ウブな子なら拒否反応が出て当然だ。

しかしこのリュイールホットなるジェルタイプ媚薬は、コスメの試供品のようなサンプルが多数出回っていて、〃いかにも感〃がしない。

「気持ちよくなるローションだよ」

などと言いながらコイツを出せば、警戒されずに媚薬セックスが楽しめる。女たち曰く、「クリトリスがスースーして後からジンワリ温かくなる感じがして気持ちいい」とのことだ。

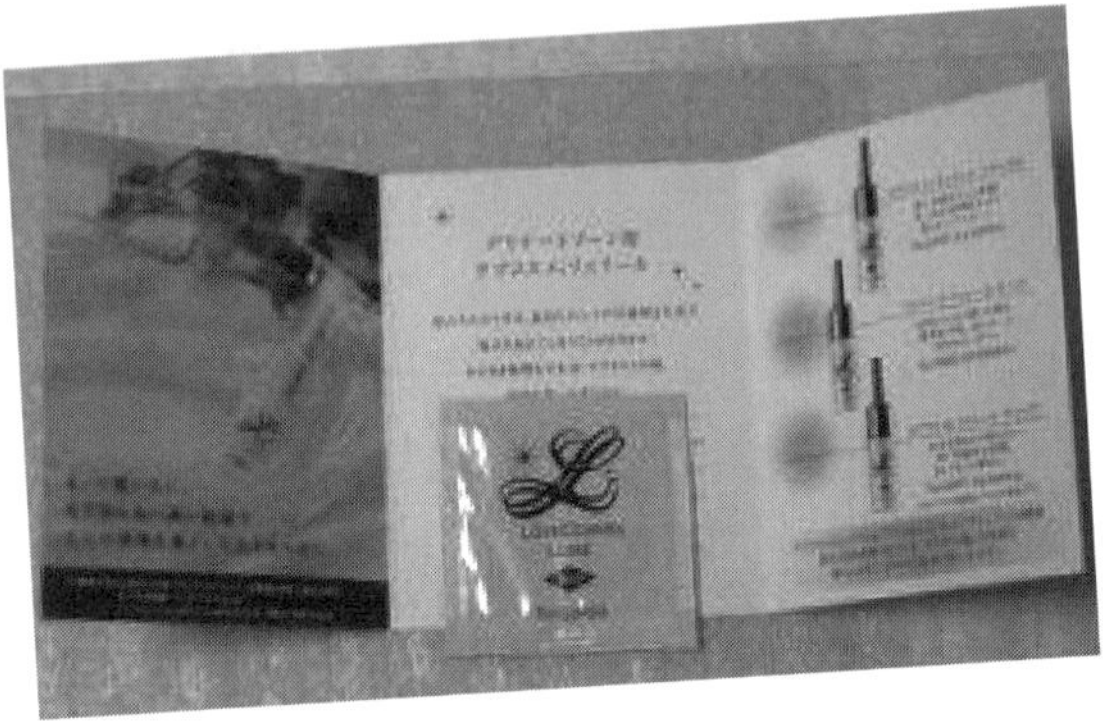

男のエロ知恵140　セックス・オナニーの知恵

バイアグラを飲んでもいつも2時間ほどしか勃たないんだよなぁ

中年男のセックスに欠かせない勃起薬、バイアグラ。こいつの効果を早め、かつ長時間持続させる方法がある。

通常なら効果が現れるまで50分以上かかるのがたった5分に、持続時間も2時間から5時間に大幅アップするのだから、試さぬ手はない。

手順は、

●あらかじめバイアグラを粉末状（棒などで叩けばすぐ砕ける）にしておく。

●口をあけて、舌の下側と下アゴの間（いわゆる舌下）にサラサラと粉を振りかける。

●飲みこまずに、そのまま吸収を待つ。

これだけです。

舌下吸収は、成分がダイレクトに血中へ流れ込むため、効果も早く、長いのです。

バイアグラを飲んでも勃起するまで時間かかりすぎ！

ワタシの恥ずかしいエピソードを紹介させてもらう。昨年、初めて挑戦した出会い系で20代の保母さんと会うことになった。近ごろ勃起力が低下中なのでバイアグラを持参してのお手合わせだ。ホテルに入って、彼女がシャワーを浴びている隙にパクっと飲んだ。しかしなかなか勃起は始まらない。なんだこれ、話が違うじゃないか！

「年齢的なことだからしょうがないわよ」と言われてすごく恥をかいた。あらかじめ飲んでおくべきだったか。でも顔を見てパスの可能性もあったわけだし…。

正解は、砕けばいいだけだった。バイアグラを含む錠剤はどれも薄いコーティングが施され、急激な吸収を抑えている。砕いてしまえばそんなありがた迷惑なお節介は消えてしまうのである。

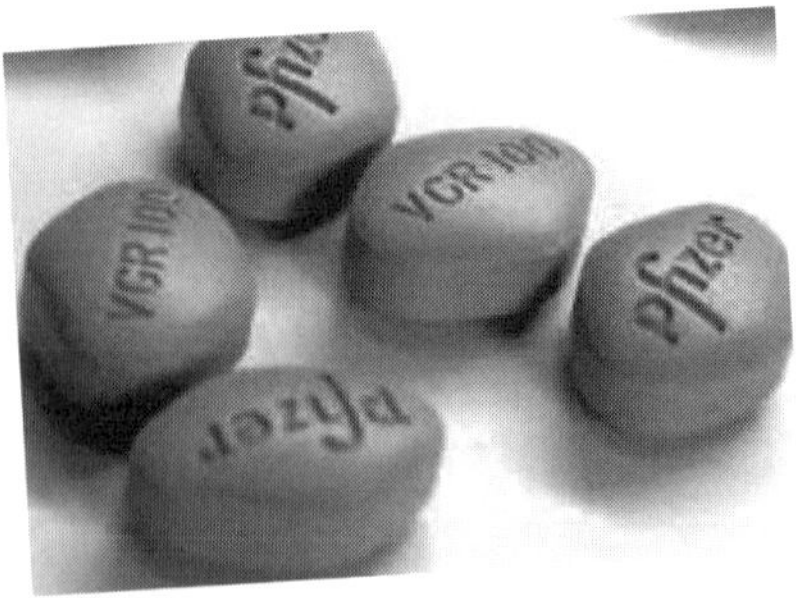

男のエロ知恵140　セックス・オナニーの知恵

合法ドラッグを飲んでもなんだかあまり効いた気がしない

いろいろと規制がかかりそうな合法ドラッグ界ですが、まだ合法扱いの今のうちに一つ情報を。

どれを試しても、体質のせいであまり効果がないという人は、ぜひ100%グレープフルーツジュースと一緒に飲んでみてください。

通常、クスリは肝臓でろ過されて、成分が薄まるものですが、グレープフルーツはろ過作用を妨げる効果があるのです。

ただし、効き過ぎてとんでもない事態を招く危険があるので、合ドラの分量は少なめにするように。

男のエロ知恵140　セックス・オナニーの知恵

性病で泌尿器科にかかると医療明細でヨメに勘ぐられそうだ

漫画……中邑みつのり

僕は風俗が大好きです。これまで何度か性病をもらってるけど、奥さんにバレたことはただの一度もありません。

それは、マンガの方法で抗生物質を調達して、医療明細をゴマかしてるから。「内科」としか載ってなければ、なんとでも言い逃れできますもんね。

セフレの香水の匂いが服に！ このまま帰ったら 完全に嫁にバレる

外で女としこたま遊んで、いざ嫁の待つ我が家へ帰ろうというとき、ふと気づく。ん、クンクン。あっ、服に女の香水がついてる。やべぇ！

さて、どうするか。パチンコ屋に入ってタバコのニオイを染みつかせる？　よくある手ですが、浮気をして帰る時間帯には閉店してるので却下。同様の理由で焼肉屋とか焼き鳥屋ってのもダメです。

ボクがとっておきの技を教えましょう。コインランドリーの乾燥機を使うんです。香水は揮発性が高いので、20分ほど乾燥機の熱風にさらせば、完全にニオイは取れます。タバコや焼肉など、他のニオイでごまかすよりも格段に安全ですし、コインランドリーはたいてい24時間営業。どんなに帰りが遅くなっても心配はありません。

深夜でも使える
のがありがたい
コインランドリー

男のエロ知恵140　セックス・オナニーの知恵

一泊で浮気するため「名古屋出張」とウソをついたが土産がないのはヤバイ

僕は浮気相手と一晩しっぽり過ごしたいとき、ヨメには「名古屋出張」と嘘をつきます

でも、土産物一つ買ってこないようでは疑われかねないので、いつも新宿高島屋の食品街で、名古屋名物の海老せんべい『板角』を買って帰ります。女ってやつはどこかヌケてるもんで、まさか東京で名古屋名物が買えるとは思ってもいないんですね。

他地域にお住まいの方は、下の表を参照してください。

全国、浮気用お土産はどこで買えるかリスト

住まい	出張先	土産物	買える場所
札幌	東京	東京ラスク（ラスク）	大丸札幌店B1
仙台	東京	らぽっぽ（いものお菓子）	JR仙台駅コンコース2F
東京	名古屋	板角（えびせんべい）	大丸東京店1階
神奈川	名古屋	板角（えびせんべい）	そごう横浜店地下2階
名古屋	大阪	点天の餃子	松坂屋名古屋店本館B1
大阪	東京	赤坂tops（ケーキ）	阪急うめだ本店1F
広島	大阪	点天の餃子	福屋広島駅前店B1
愛媛	東京	日本橋文明堂（カステラ）	三越松山本館B1F
福岡	大阪	点天の餃子	岩田屋 B2F
沖縄	東京	銀座若松のお持ち帰りまんじゅう	リウボウデパート1階

男のエロ知恵140
たいして
好きでもない
彼女を
フェラ専用に
するコツ
漫画
子原こう

男というのは
たいして好きでもない女を
彼女にしてしまうことがある
とりあえず性欲を満たすために
当然ながら
そんな女は
しばらくしたら
飽きてしまい
セックスなんて
しなくなる
でもフェラ専用としてなら
付き合っておきたいと
考える
なんか
ムラムラ
するなあ
あ、
モシモシ
call
今から
オマエん家
行っていい？

ぢゅぽっ
んっ
ぢゅぽっ
んっ
んん…
ぢゅぽっ
あ…
イ、イク…！
んんっ
ふー
じゃ、オレ帰るわ
う、うん…
いわばピンサロ代わりとでも言おうか
今回のマンガはこんな身勝手な男たちが編み出した
彼女をフェラ専用に育てるコツだ

Aさんの場合
僕がいつも使う手はこんな感じです
なんか急にムラムラしちゃったよ
ここでやろうよ
え、いいけど…
ぢゅぷっ
ぢゅぷっ
ぢゅぷぷ……
さあ入れよっか
トッ

ププ～ッ
うおっ!!
なんか狭くてやりづらいな
ああどうしよ～
興奮が収まらないよ
このままやって
ああ入れたいのに～
でも狭いしな～
ぢゅぽっ
ぢゅぽっ
ああ…
あくまで本番したいフリをしておけば女もピンサロ扱いされてるとは思いません

Bさんの場合
ぢゅぼっ
ぢゅぼぼっ
やばい
やばい
ストップ!!
やばいよー
気持ちよすぎていっちゃうよ
うふふ
ぢゅぼぼぼっ
ぼっ
ぼっ!
うわっ
ストップ
ストップ!!
ストップと言われると余計に頑張ってしまうイタズラ心をくすぐってやるわけです
ぢゅぼぼぼっ
あああ
ああっ…
はぅあっ!!
もー
ストップって
言ったのにー
えへへ
これで自分から進んでフェラ専用になってくれます

Cさんの場合
HOTEL
痛っ!!
大丈夫？
ごめん…私のアソコ狭いんだ
こういう女に出会ったら死んでも離しません
君の痛がる顔は見たくないから
残念だけどフェラで我慢するよ
うん
ピンサロ扱いなのに優しい男と思ってくれるなんて最高です
ちゅぽっ
ちゅぽっ

Dさんの場合
ぢゅぽ
ぢゅぽ
フェラ専にしやすいかどうかポイントは一つです
あ、ヤバイ
出る出る
ぱっ
ピュ
こういうのはダメ
やっぱり
ぢゅぽぢゅぽ
あ、ヤバイ
出る出る！
ググッ
ドピュ
自発的に口内発射させる女は過去の男に『フェラ専』にされていた可能性大です
仕込みやすいでしょう

Eさんの場合
同棲を始めるとセックスなんてしたくなくなるもんですが
なあ、眠れないんだ
ちょっと口で抜いてくんない？
はあ？急になに言ってんの？
パチッ
頼むよ
精子出せば疲れて寝ちゃうから
もう
うっ
ふぅ、サンキュー
おやすみ

それからほぼ毎晩
この繰り返しです
眠れないんだ
また口で抜いてよ
はいはい
女って「眠れない」って言葉を真に受けるもんなんですよ
Fさんの場合
やべっ
抜きたくなってきた
またアイツに頼むか…
ひさしぶり！
いま超忙しくて
30分しか時間が
ないんだけどさ
どうしても
会いたいんだ

相変わらず
忙しいんだね
ほんと
参ったよ
それなのに
私に会いた
かったんだ？
うれしぃ〜
あっ…
ビクン
ビクン
時間がないと伝えてあるので
さくっとフェラさせて
すぐに帰れます
んじゃ
またね
カチャ
カチャ

Gさんの場合
フェラ専への導入はこのフレーズで
さっきお皿割ったでしょ!
うん
じゃあお仕置きフェラしなさい
ジ～
このマンガのようなノリについてくるようなら
ぢゅっぽ
ぢゅっぽ
あとはどんな場面でも使えます

今日待ち合わせ
遅れたから
お仕置きね
Mな女は
これ喜びますよ
Hさんの場合
フェラ専と
長続きする
コツを教えます
なに
簡単なことです
はあ
はあ
ガポッ
ガポッ
はあ
はあ
はあ
はあ
ああ…
あ…
ガク
ガク
ガク
ガク
ガク
あああ…

あああ
出すよ出すよ
あっあっあ…
ぢゅぼっ
んんん～
ぢゅぼっ
愛してるよ～～～～～!!
ドクン!!
ドクッ
ドクッ
ドクッ
んん…
はあ
ん…
うれひ～
こんな愛
あるわけないのに

第5章 セクハラの知恵

男のエロ知恵140　セクハラの知恵

階段にミニスカが。あっ、スカートで隠しやがった！諦めるしかないのか？

漫画………オオノマサフミ

わざわざミニスカを履いてるくせに、階段ですぐにスカートをおさえる女、腹立ちますよね。だったらミニスカなんか履くんじゃねえよこのボケが！　と怒るのは、その女が階段を上りきるまで待ってください。頂上でヤツらは必ずと言っていいほど手を離します。上りきったことで油断するんですね。

大胆なパンチラ状況を故意に作り出す男

漫画………室木おすし

尻とショルダーバッグに挟まったスカートがめくれ上がって、パンツがモロ見えに。そういう光景を見かけたことはあるが、まさかそれを故意に作り出す男がいるとは。まったく卑劣としか言いようのない野郎だ。満員電車の女性はご注意を。

男のエロ知恵140　セクハラの知恵

スーパーの売り場を逆回りする男の目的は？

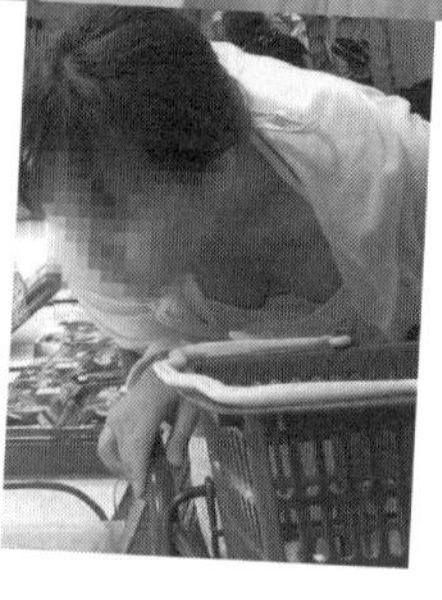

日ごろ私が足繁く各地のスーパーへ足を運ぶのは、ひとえに胸チラを拝むためである。やり方を伝授しよう。

スーパーというところは、どの店でも売り場の巡回ルートがほぼ決まっている。だいたい野菜売り場から始まって、魚や肉を経て、おそうざい、ドリンク、最終的にレジへ到達する流れだ。

これ、レジ側からルートを逆回りすると、カートを押して歩く女性たちを正面から眺めることになる。ポイントは彼女たちが低い位置にある商品を取り上げるときの姿勢だ。ほぼ１００％、進行方向を向きつつ上体を曲げるため、バッチリ胸チラが見えるのだ。

惣菜コーナーでチラ。鮮魚コーナーでチラチラ。精肉コーナーでチラチラチラ。これほど効率のいい胸チラゲット法は他にないのではなかろうか。

男のエロ知恵140　セクハラの知恵

靴屋の胸チラはどの店員を注視してもいいわけじゃない

靴屋の店員ほど胸チラを見せてくれる女性はいない。試し履きする客のために、あちらこちらでしゃがんでくれるのだから。

ただし確実にチラを目にしたいなら、視線をショートカットの店員に絞るべし。単純な話だが、ロングヘアだと垂れ下がった髪の毛ががっちりガードしてしまうからだ。

以上、実にシンプルだけど実用的な知識でした。

ロングだとこうはならない

男のエロ知恵140　セクハラの知恵

女のシャツは、右が上。意識して動けばブラチラチャンスUP!

漫画………オオノマサフミ

女モノのシャツは、右が上。こんな基本的なことを意識しておくだけで、ブラチラチャンスは広がるものだ。デキる男とはこういう些細なところに気がつく人間のことを言うのだろう。

観光地で浮かれた女を狙う大胆すぎるパンツ覗き魔

漫画………なかむらみつのり

まさか、記念写真用に立てられたこのパネルがパンチラ犯に狙われているなんて、誰も思わないだろう。穴に顔をうずめている間は、後ろの様子がわからないことを利用した悪質な手口だ。

男のエロ知恵140　セクハラの知恵

なるほど、エスカレーターのあそこで屈めばパンツはモロ見えだ

上りエスカレーターで見たシーンだ。

オレの前に40代くらいのおっさんが2人。さらにその4段ほど前方にミニスカートの女性が1人。

途中でおっさんの1人が急に歩き出して女性を追い抜き、エスカレーター終点でポロリと財布を落とした。

まもなく女性も終点に達し、そこで財布を拾い上げ…その瞬間、オレの目は点に。

そんな場所で屈むもんだからパンツが丸見えなのだ！

このおっさん2人組、コンビで活動するパンチラハンターだったのだろう。

なぜパンチラ好きはサイゼリヤを選ぶのか

他のファミレスは
脚が真ん中だけど

サイゼリヤはこう

パンチラ好きのみなさん、ファミレスに座った女のパンチラを見たかったら、これからはサイゼリヤだけに行って下さい。ガストやデニーズではダメなんです。

理由は、一人掛けテーブルの脚にあります。多くのファミレスはテーブルの中心に脚がズドンと一本立っているので、女のコが脚を開いていても肝心の部分が隠れてしまうんです。

でも、サイゼリヤだけは違います。テーブルの四方に脚があるので（真ん中脚の店舗も四方脚にどんどん移行中）、パンチラを遮るものはありません。

ハイヒールでは しゃがみにくいから 自然とこうなっちゃうようで

漫画………なかむらみつのり

ハイヒールを履いた女性はしゃがみにくいという特性を利用したパンチラ覗き犯の手口だ。まったく、変態どものパンツ見たい欲求は困ったものだとあきれてしまう。

男のエロ知恵140　セクハラの知恵

パンチラ泥酔ちゃんは夜明けとともに勝手に集まってくる

パンツもろ見えの泥酔女には、普通に考えると深夜の繁華街で遭遇できそうに思うが、そんなオイシイ獲物はナンパ野郎たちが目ざとく拾っていくため、意外とお目にかかれないものだ。

むしろチャンスは早朝だ。場所はターミナル駅の始発前ホームや電車内。クラブ帰りやオール明けのフラフラ女がそこかしこでくたばっている。ナンパは振り切り、でも酔いには抗えなかった女たちが、立派な太ももを投げ出しているのだからありがたい。

街を巡回する必要なく、あちら側から勝手に一カ所に集まってきてくれるのだから、これほどラクな話はないだろう。

落としたブツをミニスカでも必ず拾ってくれるオネエさん

こちらがうっかり落としたブツを、必ずしゃがんで拾ってくれる女性がいる。必ずだ。

路上でビラやティッシュを配るオネエちゃんだ。ティッシュを受け取ったその瞬間ぽろっと下に落とすと、彼女らは100％その場にしゃがみこんで拾いあげる。自分がお願いして受け取ってもらおうとしたわけだから、礼儀としてごく自然な行動だ。だから彼女らがミニスカのとき、俺はわざとティッシュを落とす。もちろん目的はパンチラだ。

男のエロ知恵140　セクハラの知恵

目の前の巨乳ちゃんの胸元を堂々とガン見したい

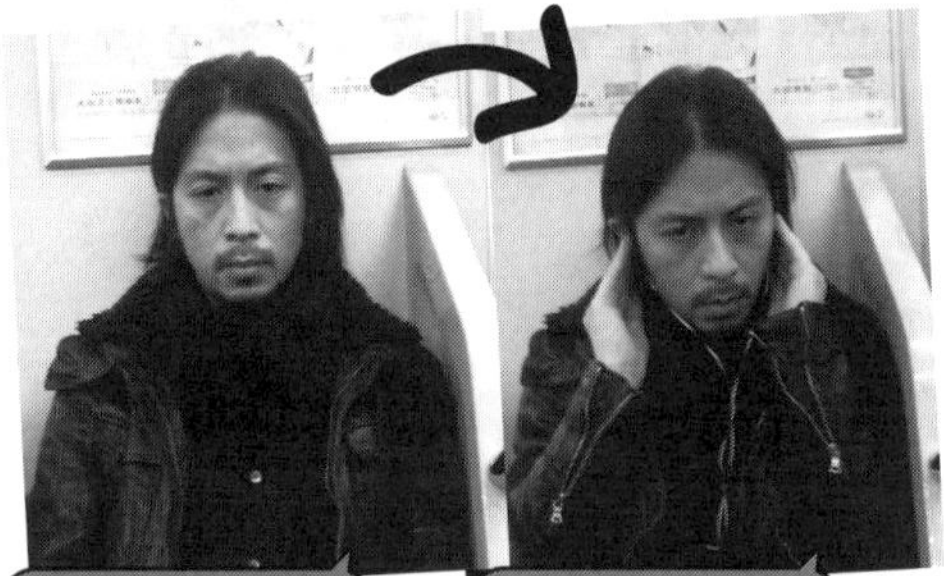

これならスケベだけど

あら、音楽好きなのね

電車で移動中、目の前に座った巨乳ちゃんの胸元が気になりつつも、視線が気になってじっくり見れないことってありますよね。どんなに見たくても、社会人として、見識ある大人としてガン見するのはさすがに憚られます。見たいけど見れないそのもどかしさ。あのおっぱいを気兼ねなく見続ける方法があったら嬉しくないですか？

その悩み、イヤホンがあれば解決できるんです。耳にはめたイヤホンを手で押さえ、眉間にシワを寄せてみましょう。そしてそのまま視線は巨乳ちゃんの胸元へ。

どうですか。どこからどう見ても、「イヤホンから聞こえてくる音に集中している人」でしょう。私はいつもこの表情とポーズで視姦しています。

男のエロ知恵140　セクハラの知恵

スカート逆さ撮り犯はブックオフを狙ってる

ブックオフが普通の本屋と異なるところは、棚と棚の間がやけに狭い点だろう。立ち読みしてると、すぐに後ろの立ち読み客にヒジがぶつかってしまう。

もうひとつ、マンガの立ち読みが自由ってのも一般書店と違う点だ。そのせいでどの店も、いつも暇つぶし連中がたむろしている。

あるときブックオフで盗撮現場らしきシーンを見たことがある。漫画コーナーで立ち読みする女のすぐ真後ろで、1人のおっさんが立ち読みしていたのだが、そのおっさん、いきなりしゃがんだかと思えば、ケータイを後ろ手に持ち、背後の女のスカート下に伸ばしたのだ。

ブックオフならではと言うしかない。狭い通路に、大勢の立ち読み客。おっさんにすれば狙い放題なんだろう。現にネットにあふれるこの手の盗撮写真の舞台は大半がブックオフだ。

商品カガミでのパンツ覗きなら言い訳できると考えたのか?

近所の100円ショップでおかしなオッサンを見つけた。買い物カゴを持って店内をうろうろしており、露骨に若い女性に近づいては離れてを繰り返している。なんだなんだ?

オッサンが持ったカゴを見てその理由がわかった。店の商品の手鏡がひとつ入っているのだ。なるほど、鏡ごしにパンツを見てるんだな。私物の鏡を持ち込むのではなく、あくまで商品なので、何かあったときに言い訳できると考えたんだろう。けしからんオッサンだ。

男のエロ知恵140　セクハラの知恵

いついかなるときも電車ホームで立つべき場所はあそこだ

アナタは駅のホームに立つとき、何の考えもなく、ただ漫然と電車を待っていませんか？　そんなことではエロの神様は微笑んでくれませんよ。

ホームで立つ場所は、いついかなるときでも、エスカレータ脇の狭いエリア、あそこ一点のみです。あの壁に寄りかかるようにして対面ホームを凝視しましょう。

言わずもがなのことですが、女性が電車ホームでだらしなくしゃがむときには、必ず背中側にカベを配するものです。ホームのド真ん中で座り込む女なんていません。

背中側にカベ。そう、つまりあなたが立ってる場所の真正面のことです。あそこにウンコ座りになって携帯をいじくるのです。

彼女たち、対面のホームのことなんてまったく意に介していませんので、線路2本分を挟んでも十分スカートの中を拝めます。知っておくといいでしょう。

マン喫の女子店員にチンコをがっつり見てもらう方法

漫画………近江アザラシ

居酒屋の男女共同トイレなんかで、ハプニングを装って女のコにチンコを見せる。そういうのって楽しいものですが、じっくりは見てもらえません。

そこでお勧めはこのマン喫作戦。料理を運んできてくれた女性スタッフに、オナニーしていたフリでチンコを拝ませるという流れです。

いつも傘を持って満員電車に乗り込むオッサンの目的は？

漫画………シライカズアキ

痴漢ってのは、女性のお尻に手の甲が触れるだけでもうれしいものなんでしょうか。

このオッサンは、天気に関わらずいつも傘を持っていて、下のマンガのようにグリグリやってます。

そのうち痛い目を見るでしょう。

女医にチンコを見せたいとき狙うべき病院は？

合法的に女性にチンポを見せたいと思ってる人なら知っているはずだ。美人女医に自分のヤラシイ患部を見せつけると、意外と興奮できるってことを。

泌尿器科や肛門科の女医にアナルやチンポを診てもらうのは基本だが、彼女らは普段から大勢の患者を診まくっているので、あまりいい反応を返してくれない。極めて事務的に「あ、イボ痔ですね～」とか「これぐらいは大したことないですよ」などとそっけない対応しかしてくれない。

ではどこに行けば満

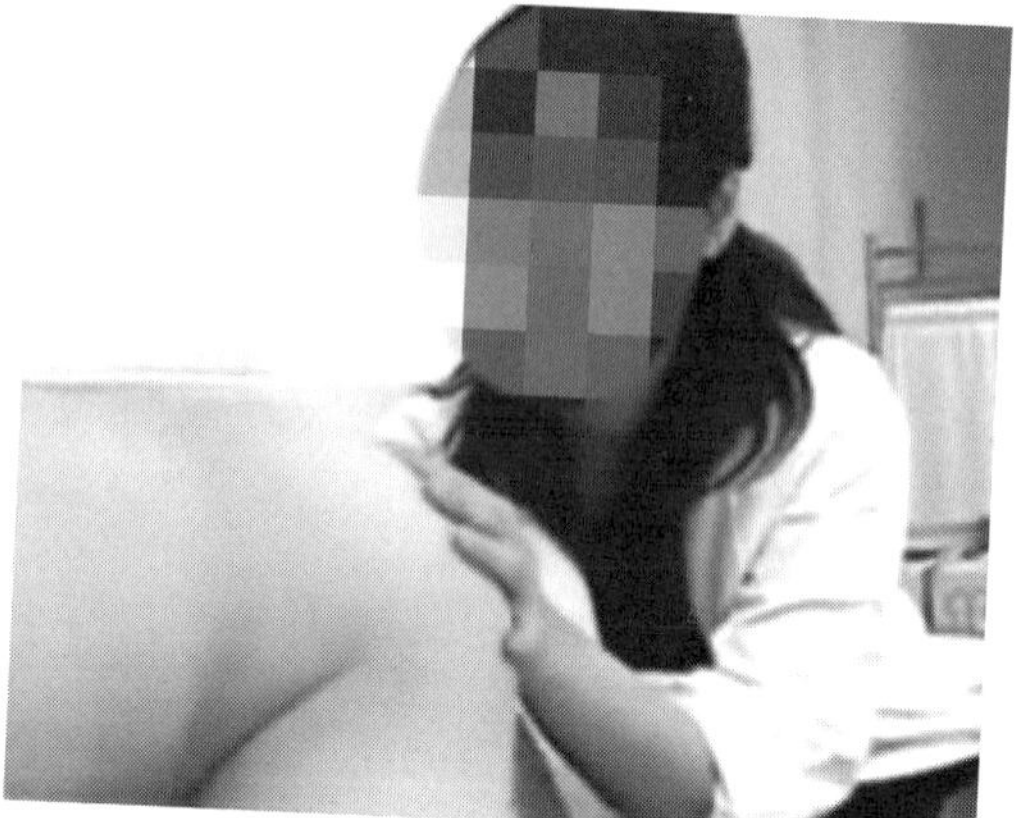

足できるのか。答えは皮膚科だ。

なにより一番のメリットは女医探しが簡単なこと。泌尿器科の女医さんは全国に数えるほどしかいないが、どういうわけか皮膚科は女医の割合がとても多い。

さらに、いつも股間ばかりを診てるわけじゃないので、リアクションが新鮮だ。

「股のところが痒いんですよね。ここです。もっとタマ袋の近くです。あとペニスの付け根も痒いときがあって…」

ヒワイな言葉も言い放題だし、見せたい場所を自由に見せつけられる皮膚科。この趣味がわかる同志よ、今すぐ走れ。

男のエロ知恵140　セクハラの知恵

カワイイ店員さんがいればとにかくフルネームの獲得に走る

居酒屋やファミレスで接客された店員さんがかわいいとき、私は、彼女らの胸についたネームプレートに注目する。その名前をfacebookで検索するのだ。すると…あらら。友人との旅行写真や、あわよくば水着写真まで、わんさか出てくるじゃありませんか。

お楽しみはここまでだが、どうだろう、このこっそりプライベートを覗き見るゾクゾク感は。

名札が名字だけの場合でも諦めない。精算時のレシートには大抵担当者のフルネームが書かれているので、こいつで検索すればＯＫだ。

また、家電量販店でかわいい店員を見つけた際は「お姉さん、名刺ちょうだい」と一言告げるだけでフルネームが手に入る。

マックの可愛いバイトちゃん。また会いたいけど、次のシフトはいつだろう？

マックに行ったら、かわいいバイトを見かけた。めっちゃタイプ。名札で名前は確認したし、彼女がいるときを狙ってまた来たい。来週の同じ時間ならいるだろうけどそれまで待てないよ――。

そんなときは、トイレの掃除チェック表をチェックしよう。チェーン系の飲食店なんかには必ずと言っていいほどあるアレ、いつ何時に誰が掃除したのかが記されている。当日分だけではなく、過去1、2週間の記録がバインダーされてることもザラだ。

バイトのシフトなんて、先週も今週もさほど変わるもんじゃない。月水木は学校で火金がバイトなら、毎週それをくり返すものだ。

彼女が掃除を担当してる曜日を狙ってまた来ればいいだろう。

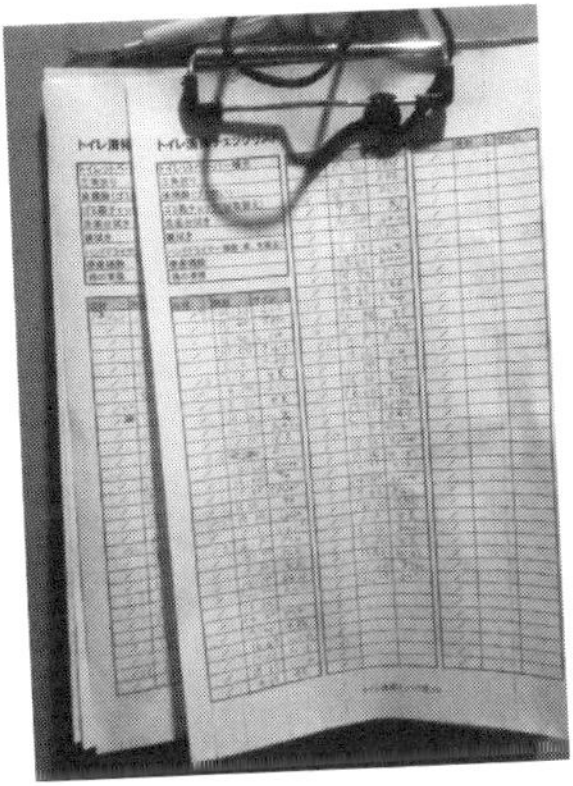

男のエロ知恵140　セクハラの知恵

スポーツバーで見知らぬ女と抱き合う時間を延ばす方法

サッカー日本代表戦などで得点が入ったときは、サポーター同士が抱き合うのが常だ。見ず知らずの女とハグできる場なので、オレはスポーツバーに必ず繰り出している。

だがいざやってみると、抱き合うところまでは誰でもできるが、いかんせん時間が短い。せいぜい2秒か。

この幸せタイムを延長するには歌いながら抱きつけばいい。「オー、ニーポーン、ニーッポン、ニーッポン、ニーポン、オイ、オイオイオイオイ！」

歌いながら一緒に飛び跳ねる間は、ハグしっぱなしでも違和感ゼロ。30秒は密着を楽しめる。

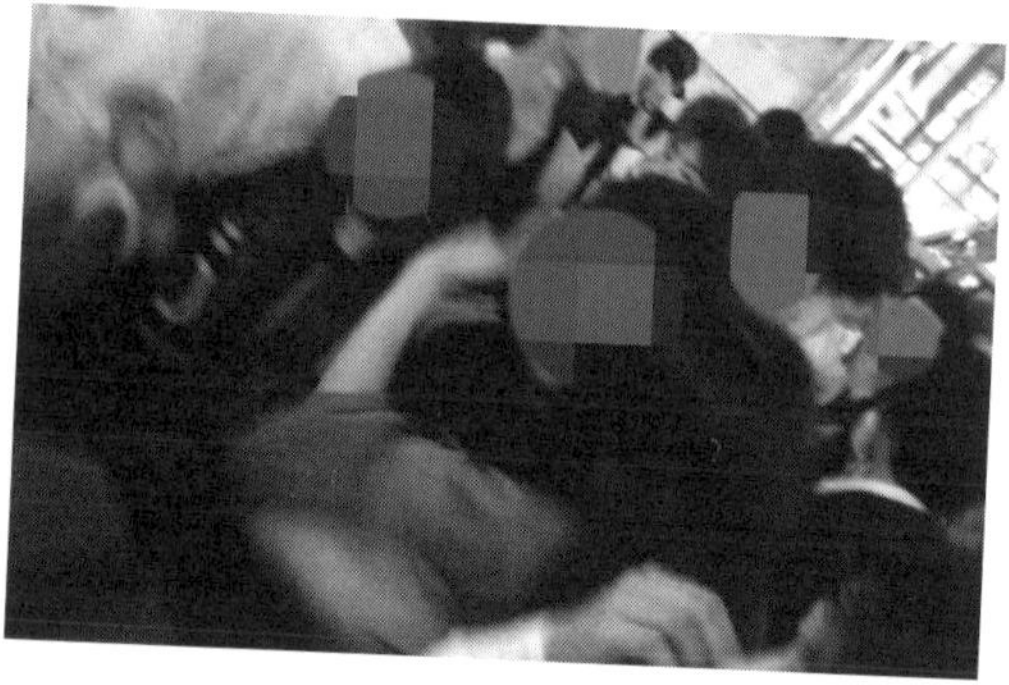

新幹線では誰だって女の隣に座りたい

新幹線に乗ったとき、女性客の隣の席に座るにはどうすればいいか。これって男なら誰もが考える問題では。

自由席は基本、女の隣には座りにくい。他が空いてるのに、どうしてここへ？　となる。

私の作戦を教えよう。

向かうは指定席である。2列席の通路側なんかはだいたい空いてるので、女の隣を見つけて、とりあえず座ってしまう。さもそこの券を持っている感じで。そして車掌が検札に来たときにキップを購入すれば問題ナッシングだ。

男のエロ知恵140　セクハラの知恵

アイフォンでセックスをこっそり撮影するための2つの神アイテム

まさかこれで撮影中
とは思わないだろう

デリヘルでも出会い系でもいいが、ベッド上の行為を撮影したいなって思うことがたびたびある。

一番簡単なのはスマホ（俺のはアイフォン）撮影だけど、どこかに置いてこっそり撮ろうにもテーブルや枕元に立て掛けたりするのは怪しすぎるし、うまい角度で撮るのはなかなか難しい。

そこでオレが使っているのが2つの神アイテムだ。

まずは『アイフォンシンプルスタンド』。昔のガラケーについていたようなコンセントに差す充電スタンドで、しかも挿しこんだときに画面（カメラレンズ）が正面を向くようになっている。ベッドの方向に向けたままテーブルなどに置くだけで準備完了だ。

さらに無音撮影アプリ『無音ビデオ（Secret Video）』を使えば完璧なカモフラージュができる。動画撮影中の画面を任意に設定できるので、ヤフーのトップなどにしておけば、女は「ヤフーを開いてるのね」としか思わない。

男のエロ知恵140　セクハラの知恵

盗撮クンがレンズが反射せぬように仕込んだ細工

隠し撮りが趣味の友人がいる。穴を開けたバッグにカメラを仕込んであれこれ撮影しているそうだが、ある日、やつがカメラのレンズをストッキングで覆っていた。

何やってんだ？

「いくら小さなレンズでも光りが当たって反射すると怪しいだろ。だからその対策をしてんだよ」

ストッキングを被せればレンズは反射せず、しかも映像は暗くならずにちゃんと撮れるんだそうだ。まったくもって困った男である。

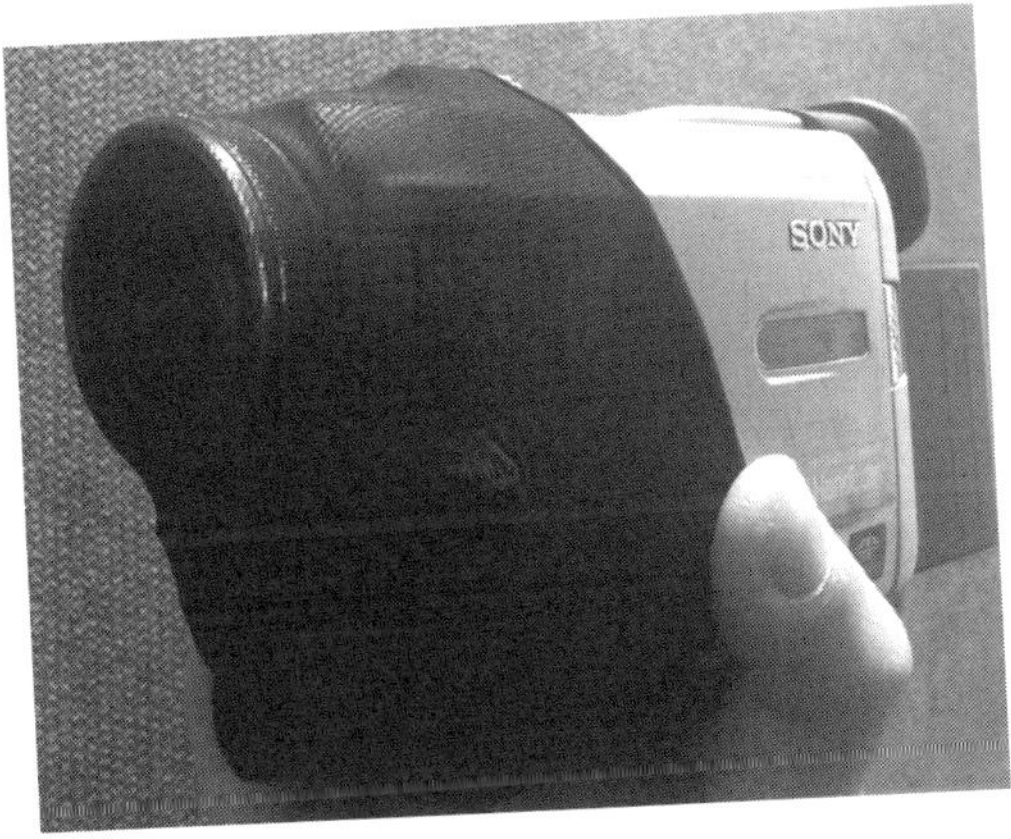

女がオナニーしてることが
一発でわかる
引っかけテクニック。
リポート
鈴木俊之
漫画
しゅりんぷ小林
男のエロ知恵140

……どうも こんにちは
テレクラは
ガバマン臭マン死神ドブ
地獄よ
みなさん こんな場面 ありませんか？
…ねえ
なあに？
女のコだって オナニー してんでしょ
えーっ
してない してない！
いやいや 絶対してる でしょ～
して ないし！
したこと ないし！
してない してない
ヌッ
なんで 女のコって あんなにオナニーを 隠したがるんでしょう？

でもあいつらがオナニーしてることを知る方法が
あるんですーーっ!!
その①
ホテル ほにゃらら♥
あんあんっ
ほれほれ
あんっあんっ
クチュクチュクチュ
クリクリ…
さあ…
え…
グーん
自分で触って
やだあそんなのしたことないし!
ペタ
あ、ほら見てオレすごく興奮してきちゃったよ〜
え…
スコスコスコ
あ〜気持ちいいっ
ほらマミちゃんも触ってごらん
スコココココ…
グイグイ
やん

ほら ほら
グイ グイ グイ グイ
……
……
クイ クイ クイ クイ
……
ヌッ……
クイ クイ
クイ クイ
クリ クリ
うほ～っ
スココココ
このコ しっかりクリを コネてます
クイクイ クイクイ
ハイッ
ヌッ
ってことは オナニー経験 あり－!!
クリクリ
クリクリ
クリクリ

うあ〜
マミちゃん
オレ、イキそう
わ、
私も…
スコココココ
ポイントは
こっちもオナること
これで女のコの
恥ずかしさも
消えるんです
うっ
その②
キャバ♥キャバ♥
ねえねえ…
キミってさー
オナニーするの？
え〜っ
したことないですよ〜
ヌッ
ダメダメ
そんな
ストレートな
聞き方では
どのコも答えは
NOですよ
正しいのは
コチラです
あの
さー
知ってる？
なにが
ですか？

爪が黄色いコってオナニーのしすぎなんだよ
!!
サッ
わははオナニーしてるコってとっさに爪を見ちゃうんだよねー
やだあ～
その通り！していなかったら見る必要がないですから
その③
ブオオオオ…
あのさー
なあに？
オレオナニーした後にさー
キラ…
いつも食べたくなるんだドーナツが（ウソ）
オナニーの後のドーナツ…
ブオオ…
なにそれ～？
mister Donut
キミはそんなことってない？
ないよそんなの～
…ハイ引っかかりました
今の「ないよ」は「ドーナツは食べたくならないよ」という意味です

自分がオナニーをしている ことは否定していません つまりこのコは…
普段から オナニーはして いるんだね～
ニヤニヤ
しまった～!!
その④
インターネット＆まんが喫茶
24H
B1F
インターネット使い放題
お得
うほ～ 見て見て
このグラビア
エロ～
……
オレさー こういうの見て
2日に一回くらい オナニーするんだ けどさー
え…
女のコって 毎日オナニー しているか
今までの 人生で一、二回しか オナニーしたことないか どっちからしいね

（さりげなく）キミはどっち？
え…
ほとんどしたことないよ
出たァ「ほとんど」!!
ニヤッ
ヤラシイと思われないためにそう答えましたね
しかし「ほとんど」ではオナニー経験がゼロではありません
つーかオマエ毎日オナニーしてる方だろー
してるよしてるよ
やべっ
その⑤
…今バイトとかしてんの？
してないよ～
バイトっていえばさー
風俗でオナクラっていうの聞いたことある～？
なにそれ？知らな～い

そのバイトは女のコが客にオナニーを見せると五千円もらえて
5000円
逆に客のオナニーを見てると一万円もらえるんだって
一万円
…ねえ
自分のオナニーを見せる方が恥ずかしいのにバイト料が安いって変じゃね？
うん、変！ありえな～い
それは絶対ありえな～い
ハイ、このコもオナってます！
ありえな～い
ヌッ
オナニーを見せるのが恥ずかしいのを知っているからこそ「ありえない」なんです！
もし、オナニーをしていなかったら
そんなのどっちでもいいや～
興味ないし
――と答えるはず
だよね？
だよね？
バシャ
うるさい!!

その⑤
…オレの知り合いの女のコの話なんだけどさー
え、なんの話？
そのコにオナニーしてるでしょ？
って聞いても絶対に否定するの
女のコって
そんなにオナニーしてること言いにくいものなの？
……わかんな～い
はい！答えに少しでも間があいたらオナってます！
結局「わかんない」でゴマかしましたが時すでに遅し!!
アンタ誰!?

その⑦
個室居酒屋
マジ？
うん！
オレめっちゃ嗅覚がいいんだよ
なに嗅覚って？
これは男同士でグルになるチーム戦です
ちょっとオマエ手を貸してよ
ン…
クンクン…
あっオマエ昨日の夜オナニーしたっしょ！
えっなんでわかったの!?
やだ、ウソ…
じゃあオレは？
これは…
ここに来る直前にヌイたな
クンクン…
ず…図星!!
フフフッ
すごーいすごーい
じゃあキミたちも手を貸してよ
そうそう見てもらいなよー
さあさあ

ザ
ッ
ハイッ、全員
オナニー女子です
その⑧
カラオケ
ルーム
ハイ
おしまい
……
…オレ
ヤバイよ
おまえ見てたら
ちょっとムラムラ
してきたわ
なに
それ～
ウケる
～～

ちょっとちょっと…
やだなによ
今、ここでオナニーの見せっこしない？
もっこ
ムリムリ!!
ギッ
ハイッ
ここでとっさに「ムリムリ」と答えた女はオナニーしてますよーん!!
な、なんで!?
だってキミの「ムリムリ」は
オナニーは知ってるけどここでするのはムリ
さらにオナニーの見せっこなんてもっとムリ
——という意味!!
そう！オナニーをしているコほど「ムリムリ」言います
そうだろう？キミ!!
ワハハ…
どうだ参ったかー!!
あれ？

こ、これは興奮するわ
わ、私もこんなの初めて〜
ハァ
ハァ
ハァ
もっと見て〜
お呼びでない…
……てなワケで皆さんもぜひ
澄ました女の化けの皮を剥がしてください
オレたちと同じく…
女だってみんな…
みーんなオナニーしてますから!!
オナニー?
私、毎日してるわ
テレクラ
女性専用フリーダイヤル
0120-XY-0000
メンズ★ルーム
毎日毎日ズボズボグリグリしてる〜!!
聞いてないって…

第6章 ネット出会いの知恵

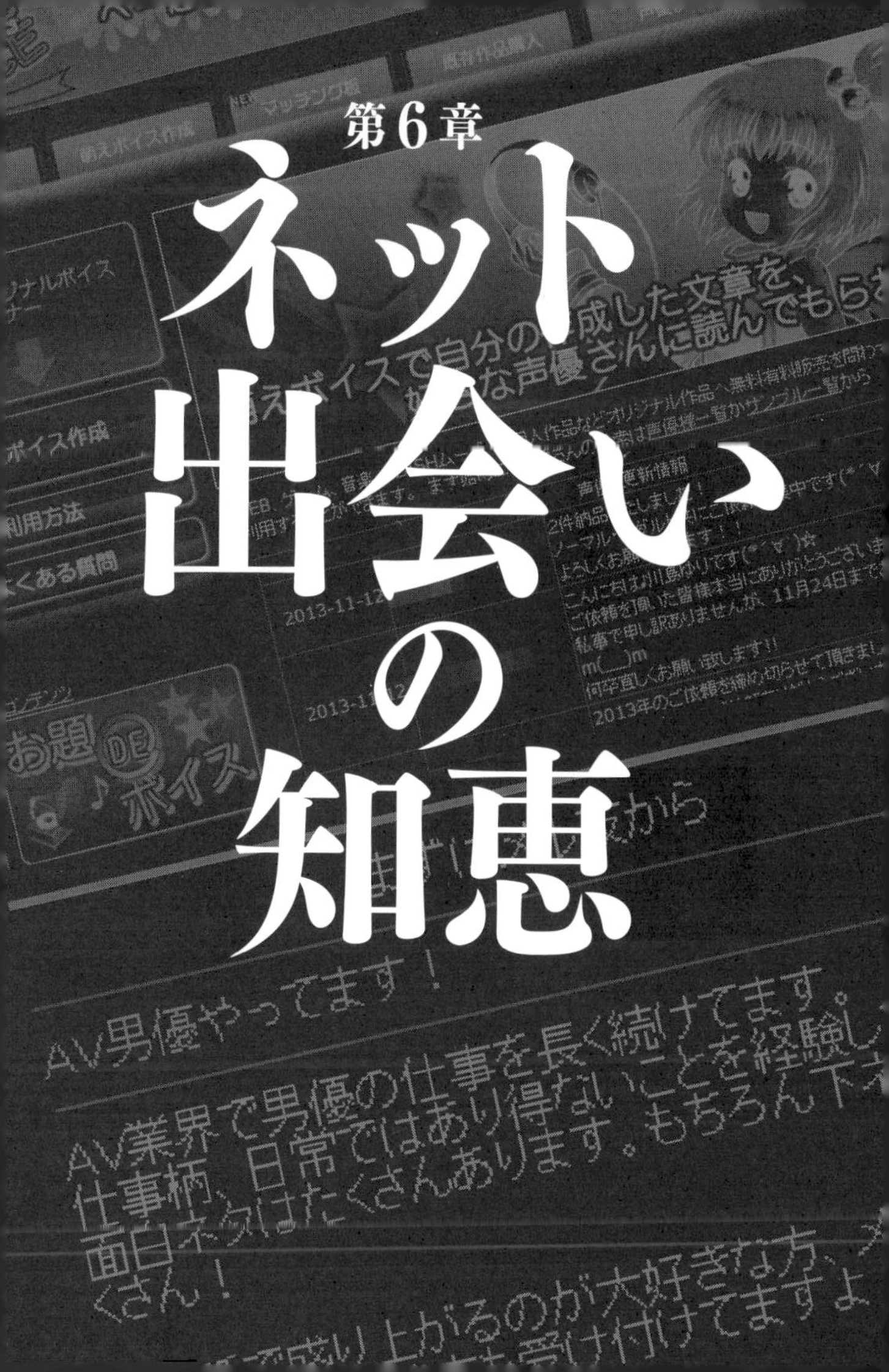

ブサメン君が出会い系でイケメン写真を使うとアポのときにトラブるはずだが…

イケメンという生き物は凄まじいパワーを持っている。出会い系でアポって、まっすぐ自宅に連れ込むなんてこともラクラクやってのける。

だから、こんなワザもまかりとおっている。イケメン写真でアポったブサメン君が待ち合わせ場所に向かい、「あいつにキミを迎えに行くよう頼まれた」と自分の部屋へ連れ込み、どさくさにまぎれてヤッてしまう手口だ。

ボクの手はさらに込んでいて、最初からサイトのプロフ写真を、自分とイケメン君のツーショットにしてある。『親友と一緒に撮った写真だよ』と。

このおかげで例のお迎えのときも、女はボクを見て「あ、あの写真の友達だわ」とすっかり信じ込んでしまうのだ。

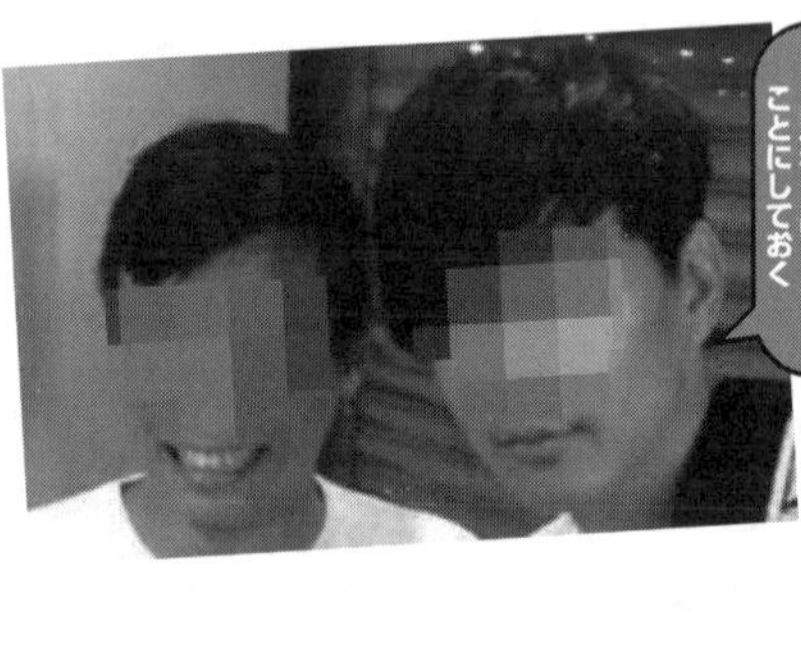
イケメンのほうを
〝自分〟という

出会い系ピュアでAV男優を装うときに知っておくべきこと

出会い系のピュアで俺がよく使うのは、AV男優を装って募集をかけるってやつ。これ、出会い系好きの一部の男たちの間ではわりと有名な手法だけど、いまだに引っかかる女が後を絶たなくて。

ポイントは、男優のテクニック面をプッシュするのではなく、男優をやっている面白そうな男だとアピることです。

〝4年ほどAV男優やってます。特殊な世界にいるので笑えるネタが一杯ありますよ。バカ話で盛り上がるのが好きな方、仲良くしませんか？〟

AVの世界に興味がある、男優のセックスってどんなものか味わってみたい。そんなことを潜在的に考えている女は珍しくないものの、露骨な募集文では相手も「セックスに興味津々って思われるからヤダな」と敬遠してしまいます。だから〝バカ話で盛り上がろう〟のように、間接的な誘い方をするほうが100倍効果的というわけ。

まずはメル友から

AV男優やってます！

AV業界で男優の仕事を長く続けてます。
仕事柄、日常ではあり得ないことを経験してきたでの面白ネタはたくさんあります。もちろん下ネタ以外もたくさん！

バカ話で盛り上がるのが大好きな方、メールください。質問や相談事も受け付けてますよ！

男のエロ知恵140　ネット出会いの知恵

200円のスタンプがエロ写メに化けるなら悪くない

「LINE」には、スタンプのプレゼント機能がある。それを使って女のコに有料スタンプをあげる代わりにエロ写メをもらう、というのがぼくの趣味だ。1コ200円程度のスタンプがエロ写メに化ける。悪くないと思う。

ターゲットの女のコ探しに使っている場所は、LINEの『友達募集掲示板』だ。そこに自分のIDを載せて書き込んでいる人間に打診する。

〝LINEスタンプをプレゼントしたいな。欲しいのありませんか？　エロ写メと交換で送りますよ〟

しかし、やみくもにアプローチしても上手くいくもんではない。普通の女子大生とかOLとかはまず相手にしてくれない。ぼくが狙うのは、こんな書き込みの人間だ。

〝サポしてくれませんか？〟

〝今から割、おねがいしまーす〟

彼女ら、別にスタンプを欲しがってるわけじゃないけれど、もらえるもんならもらっておこうと相手をしてくれるのだ。ワリキリ女にとってエロ写メの1枚なんてどうってことないんだろう。

ミクシィに若い子がいるみたいだけどどこを探しても見つからんぞ

ミクシィで15～17才の利用が認められるようになりましたが、我々成人はそれら若い子とは交流できません。18才以下はコミュニティに入会できない（一部可）ので、探し出すことすらできない始末です。

しかし、設定をいじればなんとかなります。まずは「設定変更」で自分の生年月日を15～17才に変更し、次に「友達を探す」という項目から「学校から探す」に進み、学校を選択します。登録した小中高の卒業生、在校生にしかアクセスできないので、幅を広げるには生徒数の多い私立学校に登録しておくのがベターでしょう。

若い子たちの生々しい日記を覗き読むのはなかなか楽しいもんです。ただメールなどで交流するのはどうかなと。30にもなって高校生のフリは難しいですしね。

やんわりテレセに入るためのとっかかりの言葉

まだ顔は知らないが、電話で話す関係にまでは進んだ女。チャットなどで知り合ったときにありがちな関係だ。

この状況はまたとないテレフォンセックスチャンスだが、「電話エッチしようか」と切り出すのは唐突すぎる。

やんわりテレセに入るには、狙いは深夜、女の子がベッドに入っている状態が望ましい。

●いま何してる?
○寝るとこだよ。布団のなか。
●オレもだよ。じゃ一緒に寝ようか。こっちにおいで。
○恥ずかしいよ。
●そんなことないって。ほら、ギュー。
○ギュー。

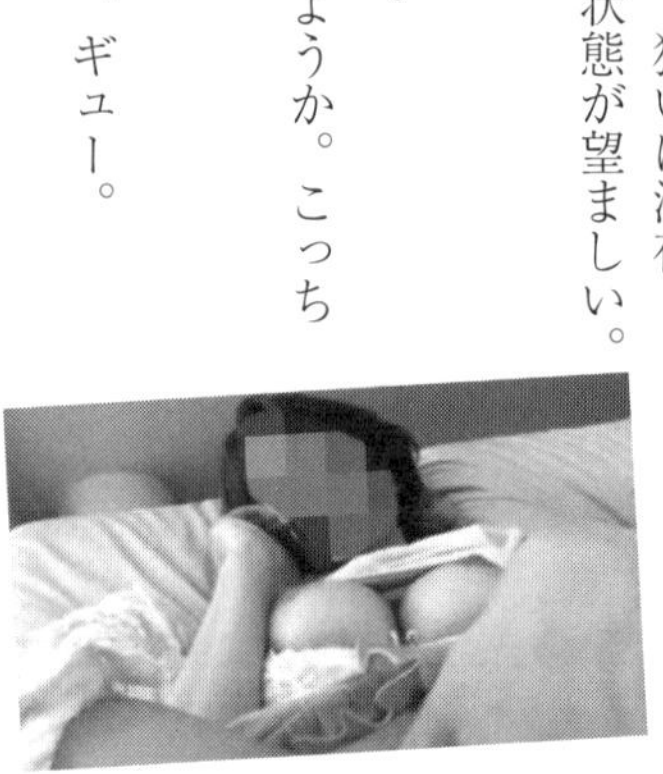

ギュー（ハグ）につき合ってくれれば、後はチューだのお尻サワサワだのと進めていける。覚えておこう。とっかかりはギューだ。

男のエロ知恵140　ネット出会いの知恵

M男設定なら スカイプセックスで 確実に相手が見つかる

無料通話アプリのスカイプを使ったチャット（電話）セックス、通称『エロイプ』が一大ブームだ。寝る間際にアハンウフンとやりとりして一発ぶっぱなせば睡眠も深くなるってものだ。

相手を探すには『エロイプ掲示板』が手っ取り早いのだが、男たちのほとんどはここでM嬢を探している。

『ドMの子、エロイプしませんか？』

『調教してほしい子、いない？』

そんな書き込みばかりだ。

だからここではS嬢を求めるスタンスのほうが容易く相手が見つかる。

『ボクをいじめてくれるオネエ様いませんか？』

いざ始まるエロイプでは、S女とM男な関係だけに、艶めかしいアエギ声などは聞かせてくれないが、ナマの女声でやらしい会話をかわしてくれるのだからスッキリ抜くぐらいのことはできる。

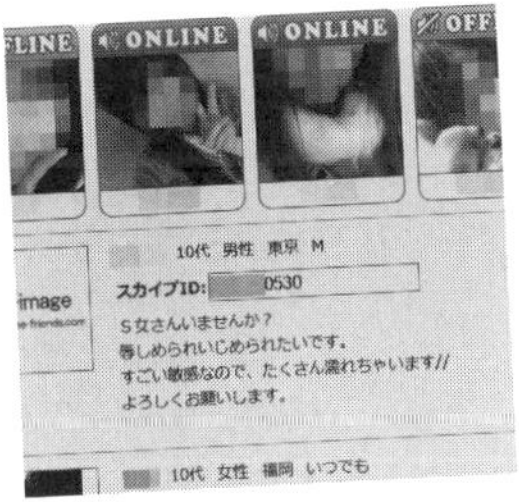

長く連絡してない女に送るべき、下心なさげで、かつ食いつかれやすいメールとは？

コンパで知り合った直後は何度かやりとりしたが、もう長く連絡を取ってない――。

そんな女に久しぶりにメールしたい場合、〈ご無沙汰です。元気にしてますか?〉なんて普通に送っても、返事が来る確率は極めて低い。下心感がハンパないし。では、どうするか?

正解は、ウソの転職報告だ。

〈久しぶりです。このたび○○に転職しました。これからもよろしくです〉

連絡報告っぽいので不自然さは半減し、さらに○○に有名企業を入れれば女の興味心も煽れる。経験上、食いつきはまずまずです。

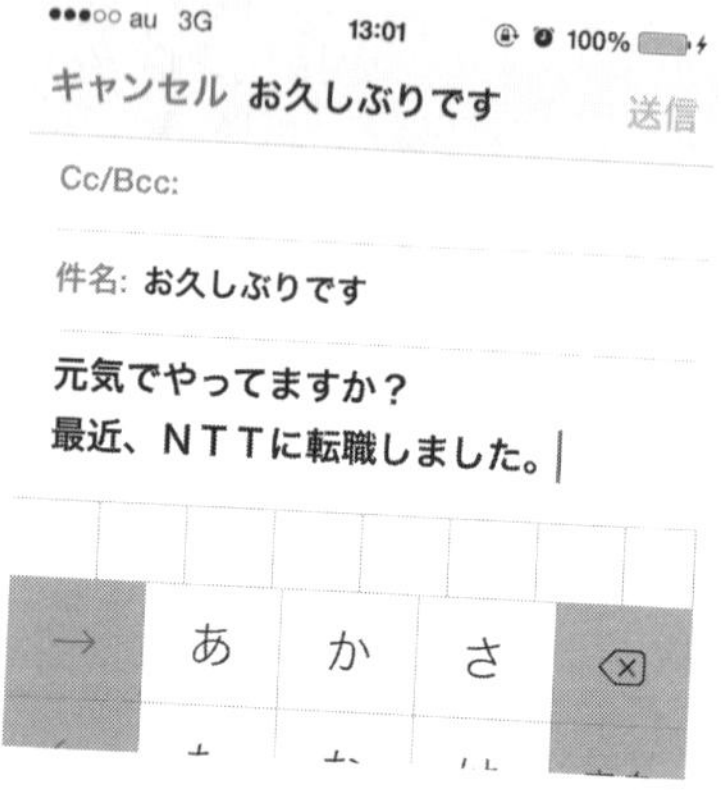

LINEのIDを聞き出したらすぐさまツイッターで検索!

知り合った女との連絡先交換は電話番号ではなくＬＩＮＥのＩＤが主流になった。根っからのストーカー気質の私はここに思わぬ効用を見出した。

女のＬＩＮＥのＩＤをTwitterで検索すると、けっこうな確率でひっかかるのである。

こうなれば女の日常を覗き見し放題だ。なんせTwitterは日常をダラダラと警戒心なくダダ漏れするメディアだ。どこで何を食った、今日は誰とカラオケに行っただのに加えて女の自画撮りもばんばんアップされる。

キャバクラ好きの私は、よくキャバ嬢のＬＩＮＥのＩＤで検索をかけて彼女たちの日常を覗いている。女とＬＩＮＥを交換したら、すぐにTwitterで検索。これで毎日のストーカーライフに新たな彩りが加わるだろう。

あの子にそっくりなAV女優でコキまくりたいときは

会社の同僚や取引先の受付嬢など、セックスしたい相手は山ほどいても、その夢がかなうことはまずない。

だから僕たちは代用品でガマンする。あのコに似たデリヘル嬢がいればすかさず指名し、

そっくりＡＶ女優を見つければレンタル期間を延滞してでもメキまくる。

『おまいらの夢』は、１枚の顔写真をもとにそっくりＡＶ女優を探し出してくれるありがたいサイトだ。

顔写真の輪郭や、頬骨の位置、口角の上がり具合などを測定し、数多のＡＶ女優の中から、きわめて近い顔立ちの嬢をピックアップするという機械的な選別法ながら、これがなかなか似てるから面白い。

あの子のアエギ顔ってマジでこんな感じかも！　と思わせてくれるのだ。

憧れの子がいれば、なにはなくとも正面顔写真を入手すべし！

男のエロ知恵140 ネット出会いの知恵

アニメ声の声優に朗読させるべき文章とは

『萌えＶＯＩＣＥ』というサイトをご存じか。ここにはプロ＆アマ問わず数多くの女性声優が登録していて、好みの声優に文章を送ると、アニメさながらの調子で朗読してくれるのだ（後日、有料で音声データが届く）。相場は１万字で４千円ほど。

依頼する内容はやはり、宇能鴻一郎の小説のような、女が一人称でエロ独白するタイプのものが正解だ。

『あたし、男の人のアレをこんなにまじまじと見たのは初めてで、思わずエッチな声が出ちゃったんです』

いいオカズになります。

男のエロ知恵140　ネット出会いの知恵

エロSNS「sexi」に招待してくれる人がいないときは

セックス好きの女と交流できる（と言われる）sexiというＳＮＳがある。その界隈では大変な人気を誇っているのだが、問題は招待者がいないと登録できないことだ。いざ招待してくれる人を見つけようにも、まわりにsexiのアカウントを持っている奴などそう簡単には見つからない。

そうしたニーズを察知してか、ヤフオクにはsexiに招待してくれるサービスが５００～７００円程度で出品されている。アドレスを教えれば、登録のＵＲＬを送ってもらえ、晴れて入会となる。

他、「裏ミク」や「プライベートピープル」など、完全招待制ＳＮＳのアカウントもヤフオクでよく販売されている。

気弱な男は人間不信になるかも…。LINEで相手にブロックされているかほぼ確実に知る方法

この夏、初めて参加した街コンで、素晴らしいことがあった。ビギナーズラックというやつだろうか、モデル級の美人さんと出会えたのだ。

連絡先を聞いたところ、彼女が「ＬＩＮＥでやり取りしよう」と言う。しめしめ、かわいい子ちゃんをゲットできるかも？

いつまで待っても『既読』にならない

というわけで街コンから帰ってきたその晩、さっそくＬＩＮＥでメッセージを送ってみた。

「ユミさん、今日はありがとうございました。よかったら今度、ゴハンでもどうですか？」

返事を待つこと10分。あれ…。まだ彼女はメッセージに気付いてないらしい。ＬＩＮＥは相手がメッセージを開くと『既読』マークが表示されるが、それがまだ出てない。風呂にでも入ってるのかな？

しかし1時間後、改めて確認したが『既読』にならず、さらにもう1時間経っても変化がなかった。どうしたんだろう、あの子。今日はもう寝ちゃったのかな？

翌朝。彼女のことが気になり、いつもより早く目が覚めた。さて、そろそろこんな返事が来るはずだぞ。

「お返事遅くなってすみません。昨日は疲れちゃったので早く寝ちゃいました。ぜひゴハン行きましょう」

楽しみ！

だがその日、結局返事は来なかった。どころか『既読』にすらならない。どういうこと？　何かの通信障害とかでＬＩＮＥが届いてないのかも？

「届いてますか？」

確認メッセージを送ってみるが、相変わらず『既読』にならない。いくら何でもおかしくないか、この状況は。

ははーん。きっと携帯が壊れたんだ！　そういうことか！

となると修理したりＬＩＮＥを設定したりで数日はかかるだろう。待つしかないか。

コール音が鳴るからブロックじゃない！

３日後。そろそろ携帯も復活したはずだが、あいかわらず『既読』にはなってない。

ただこれは故障によるトラブルかもしれないので、あらためてメッセージを送ってみる。

「お久しぶりです。街コンで会ったタカシです。覚えてくれてますか？　よかったら今度、ゴハンでも行きませんか？」

ワクワクしながら返事を待つこと1日。信じられないが、またもや『既読』にすらならなかった。

この信じられぬ状況を友人に相談したところ、一刀両断に切り捨てられた。

「それはブロックされてるんだって。ブロックは知ってるでしょ？」

もちろん知っている。メッセージの受け取りをこっそり拒否する機能だ。ブロックをされた側は、いくらメッセージを送っても『既読』にはならない。

「ブロックされてる場合、LINEで電話をかけてもコール音がしないらしいぞ。試してみたら？」

そんな確認方法があるとは知らなかった。ちょっと怖いが、その晩、思い切って電話をかけてみたところ、
ルルルルルルー―。

コール音だ！　ブロックなんてされてないじゃん！

しかし、これでいよいよ状況がわからなくなった。ブロックはされておらず、携帯の電源も入っている。にもかかわらず、彼女がメッセージを開かないのは…。

いや、開かないんじゃない、開けないんだ！　悪い男とかに拉致されてるとか？

スタンプをプレゼントできない

ニュース沙汰にはなっていないが、事態はかなり深刻である。

てなことをまたもや友人に相談してみた。

「だからブロックされてるんだって」

「それはコール音で確認して…」

「あ、あれ、ちょっと調べてみたんだけど情報が古かったわ。ブロックされていても、今はコール音が鳴るんだって」

「えっ？」

「今はまた別の確認方法があってな」

ＬＩＮＥには『スタンプ』と呼ばれるアイテムが何種類もあり、それを友達にプレゼントもできる。が、相手にブロックされている場合、プレゼントはできないそうだ。

「試しにスタンプをプレゼントしてみろよ」

言われるがまま、彼女にスタンプを一つプレゼントしてみたところ、画面にこんな表示が…。

『すでにこのスタンプを持っているためプレゼントできません』

ふーん、持ってんのか。

「これ、この表示だよ。本当にスタンプを持っている場合もあるけど、ブロックされてるときにも出るんだよ」

じゃあ他のスタンプはどうかと、いろんなスタンプを次々プレゼントしてみた。どれもこれも『持っている』表示だ。ということはつまり…。

「どう考えてもブロックされてるな。どのスタンプも持ってるなんてオカシイでしょ」

そんな馬鹿な。街コンではあんなに優しかった彼女が、一通もやりとりする前からブロックなんてするわけないじゃないか。きっと彼女はどこかに捕らわれてるんだ！

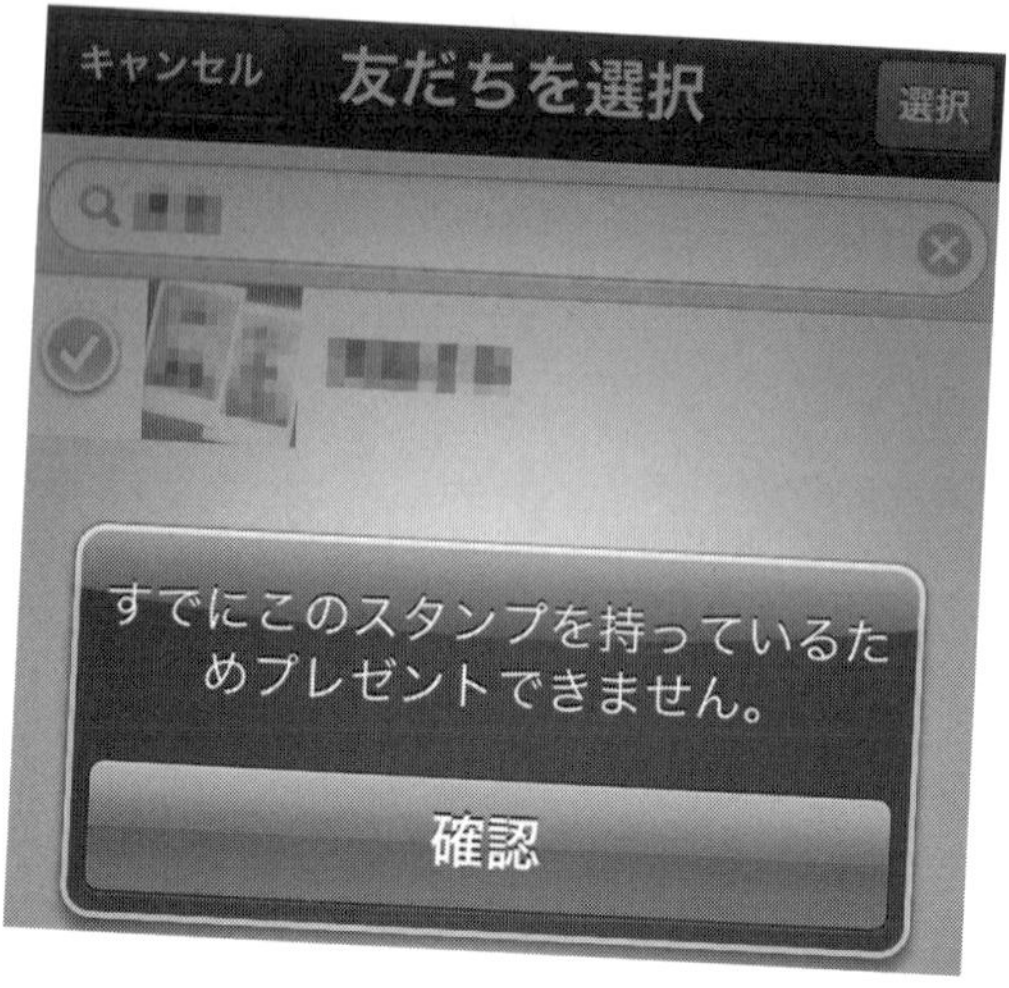

利発そうなあの子がマットプレイを！ソープ嬢の営業用ブログを見張って本人のFacebookを探り当てる

ソープやヘルスのホームページには、風俗嬢たちのブログのリンクがよく貼ってあると思う。

リンクを辿ると「アメーバブログ」や「ライブドアブログ」なんかに飛び、日常生活の写真なんかが載せられているわけだ。もちろんフーゾク嬢としての営業用ブログなので、本名や学校がわかるような内容ではない。

だがこれらのブログ、その更新をじっくり見張っているとけっこう面白い。ときに本人がうっかりし、自分のプライベートが詰まった「Facebook」の情報をバラしてくれるからだ。

風俗嬢のスマホには投稿用メアドが

なぜそんなミスが起こるのか順序立てて説明しよう。ちょっと小難しい話だが、どうかご辛抱いただきたい。

まずはアメーバやライブドアなど、ブログサイトは一般的にどう更新されているのか。

毎日の記事の投稿は、いちいちパソコンからサイトにアクセスするようなまどろっこしい作業は必要なく、携帯から簡単に行うことができる。サイトから発行された「投稿用メアド」にメールすればいいだけだ。例えば次のように。

件名「おはよ！」

本文「今日は早起きしたよー。愛犬に起こされて～」

件名が記事のタイトルに、本文がそのまま内容になってブログになる仕組みだ。便利なので風俗嬢たちもこれをよく使っており、スマホのアドレス帳にはブログの「投稿用メアド」を登録しているのが一般的だ。

ここまではおわかりいただけたろうか。

次に、ブログを書いている人物

イラスト………清野とおる

が、同時にFacebookもしているときの、ある現象について説明する。

フェイスブックをしている人間は、ほぼ99％がスマホにFacebookアプリを入れている。

そしてこのアプリ、アイフォンにインストールされた場合は、アドレス帳を自動で読み込み、全メアドに対して2週間に1度、自動的に「招待メール」というのを送る。文面に差出人のFacebook名をこんなふうにきっちり載せて。

件名「Ｋａｎａｋｏさんの Facebookを見よう」

本文「Ｋａｎａｋｏ Ｏｋａｍｏｔｏさんが近況や写真をシェアしようと誘っています。（以下ＩＤ情報など）」

勘のいい方はもうおわかりだろう。この文面が勝手にブログの「投稿用メアド」に送られたら…。ブログの記事に本人のFacebook名（＆ＩＤ）がばっちり載るわけだ。


利発そうな子がマット洗いを…


とは言えもちろん本人がブログの異変に気付けば、すぐに記事は削除される。運良く見つけることなんて不可能じゃないかと思うかもしれない。

しかし手はある。「ＲＳＳリーダー・feedly」というソフトを使うのだ。

これ、目当てのブログを登録しておくと、そのサイトに新しい記事が載った瞬間、自動的にそのタイトルと本文を保存してくれるシロモノだ。しかも、保存した記事に対してキーワード検索をかけることができる。

現在、自分はRSSリーダーにソープ嬢ブログを500ほど登録している。次々保存されていく記事をチェックするのは月に1回ほどで、検索キーワードは「Facebook」。これで毎月4人くらいはヒットがあるだろうか。

Facebookは他人が内容を見られないようにも設定できるため、誰でもかんでものプライベートを覗けるわけではないが、あけっぴろげな子も少なくない。

Facebookを漁る段階まできたときは至極の喜びだ。友達との旅行写真や学校生活の日記など、キラキラしたプライベ

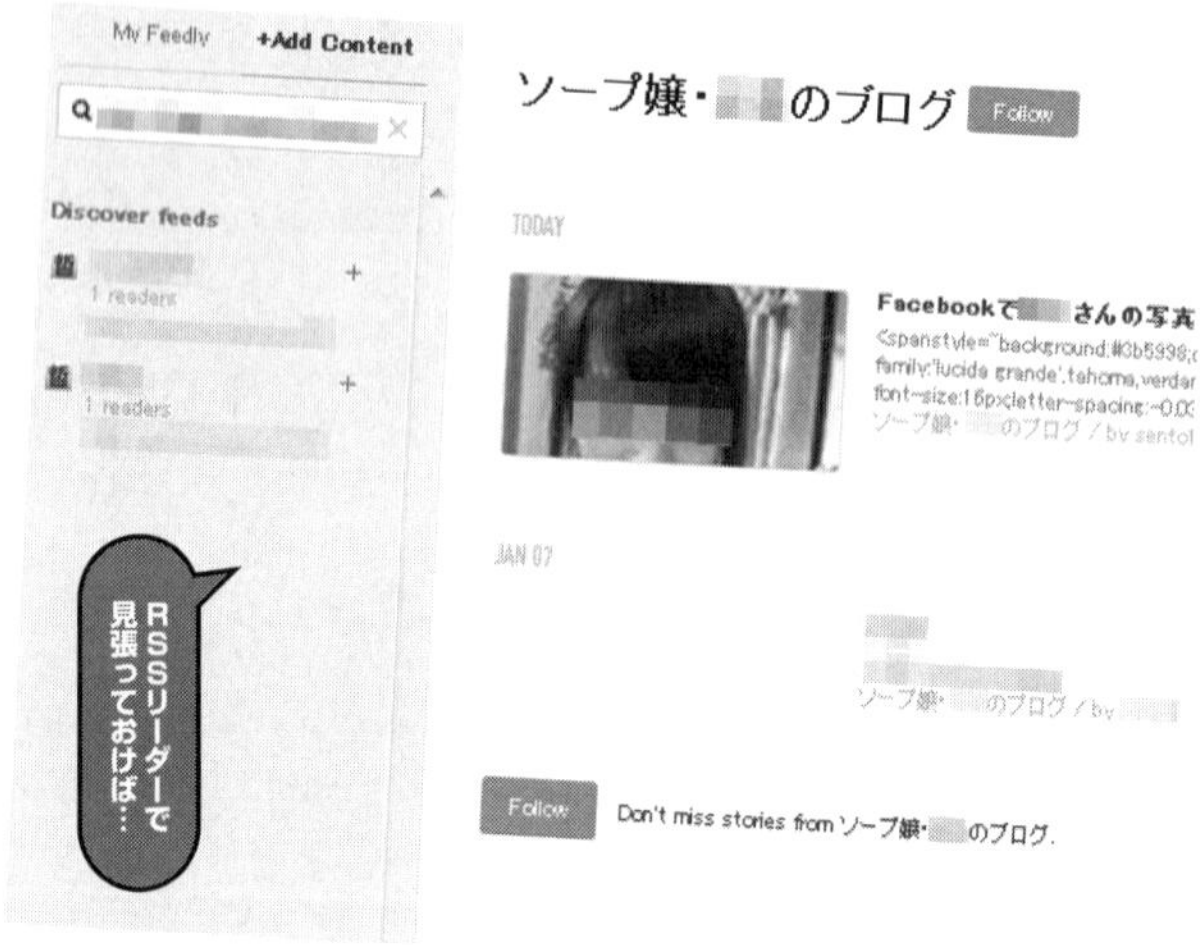

ートにはもちろん風俗のフの字もない。でもでもこのコはソープ嬢なんだよなぁと感慨にひたるときの楽しさったらもう。

過去に一度、Facebookが判明した女子大生ソープ嬢に会うため実際に店に足を運んだことがある。学校生活の写真などをしっかり頭に焼き付けて。

Facebookでは利発そうな印象の子が、マットやお風呂プレイを一生懸命こなす様は何とも言えない興奮だった。この遊び、まだまだ続けていきます。

黒を狙え！
男のエロ知恵140
リポート
吉田ひろし、仮名。
都内在住36才、会社員
漫画・子原こう

このサイト、国際交流を目的としたSNSなのだが実は出会い系の側面がかなり強い
WorldFriends
世界の友達がすぐそこに
グローバルヴィレッジに友達を作ろう！
都内在住のキャロルよ
日本の文化と日本人男性に興味があるの
メール待ってるわ〜ん
※イメージ
外人女に目のない俺には欠かせぬ便利ツールなのだが……
……都内に住むイギリス人英会話教師26才か
いいねえ
よし メールしとくか
Hi! Im Japanese nice guy
Would you be my friend?
(日本人の男性です　友達になりませんか？)
カタカタ
カタカタ

このアメリカ人にもメールしとくか
おっ　このコもカワイイな
また1通も返信がこなかった……
成果は決して上々とはいえない
俺の狙う白人女はどの人種の男にも人気があり競争率がめちゃめちゃ高いのだ
そんなある日

へえ 結構いるんだな 黒人も
ふむ♡
カタカタ
Hi! Im Japanese nice guy
Would you be my friend?
カタカタ
特に深く考えず数人の黒人女性にメッセージを送ったところ……
さーて 来てるかな…… 返事は
うおっ! めっちゃ高っ!! 返信率

ハイ
ヒロシ
ハ、ハーイ
ナイス トゥ
ミート ユー
ヒロシ
日本語で
OKよ
メールをくれたうちの一人
フランス人留学生ジェシーとは
たった2通のメールで
デートする運びとなった
あなた
面白い
これから
カラオケでも行く？
私 あなた
好きよ
イエス
私 カラオケ好き
行きましょ！

カラオケ
ヒロシ〜〜
ブチュ〜
え？
い……
品
いきなり!?
はあはあ
ススス
すでにビチョビチョだし！
クチュクチュ

オウ　オウ
気持ちいいい～
うう……
ラブホテル
行こうか……
NO！　あそこは
売春婦が
使うところよ
イヤ！
いや
そんなことは
ないんだけど……
アナタの
アパートでしましょ
それなら
いいのかよ！
……

オウ！オウ！オオウ！
パーン
パーン
パーン
パーン
オウ！イエス！イエス！
う……
うう……
も もうダメ……！
あああっ

今日は楽しかった
また会ってほしい
私 東京に来て2年目だけど日本人にアプローチされたの初めて
うれしかった
そんなに良かった？
へー
たしかに黒人女性と日本人男性とのカップルなどまず見かけない
なんとなくオレたちもハナから相手にしてもらえないようなイメージを持っていたと思う
だが実際は
私日本の男性好きよ
日本に興味があって来たのだから

驚くべきことに　その後も
黒人女性とのアポ取りは
面白いほど成功した
日本にいる黒人女性は
こういう場では滅多に見かけない
彼女らがいるのは
こんな場だ
つまり他の
外国人女性よりも
日本人男性と接する
機会に飢えている
次の土曜なら
デートOKよ
だから　こちらの誘いには
積極的に応じてくれ

私 将来マンガ家になる
だから来日した
へー
英語が必要ないから楽だわ〜
留学生がほとんどなだけにカタコトの日本語も話せて
おっきいね〜
こっちも触っていいよ
性にはオープンで

ウ〜〜
もっとして
もっとして
ズズッ
ズズッ
マイ ガッ!
ズズッ
ズズッ
う……
きっつーー
あ……
ああっ!!
どぱあ!
どくっ
どくっ
どくっ
どくっ
完全に
俺はハマった

ではちょっとした
コツのようなものを
いくつかお教えしよう
英会話
即マンを確実に狙うなら
デート時のカラオケは必須だ
うまいね!!
次はビヨンセ
唄ってよ！
ＯＫ！
デートに音楽が
あるかないかで
黒人のテンションは
大きく変わる
(冗談のようなホントの話)
イエーイ！
気分を
高揚させるには
欠かせないツールだ
もうひとつ
カラオケ
万が一 相手に
グダられた場合は
ノー!!

いいじゃん
ノー!!
私 日本のオンナみたいに軽くない!!
わかったよ…
ガンコな性格が多いのでしつこく迫るのは逆効果だ
しかし
経験上二度デートできれば必ずこうなるのでご安心を
ヂュボッヂュボッ
ヂュボッヂュボッ
当分黒人遊びは止められそうにない

第7章 この世のひみつ

テッちゃんジン君の 学習マンガ

この世のひみつ

まんが・石井達也
監　修・宇都宮正次

デリヘルで当たりを引きたい

デリヘルのホームページほど信用ならぬものはない。プロフィール写真では絶世のカワイ子ちゃんのはずがやって来たのは地味なブーちゃん。そんな悲劇を避けるためには、写真に頼るのではなく、この方法を!

テツ子
好奇心旺盛で陽気な女の子。あだ名はテッちゃん

ジン君
おっちょこちょいな男の子

九段教授
何でも知っている偉い教授。フランス帰り

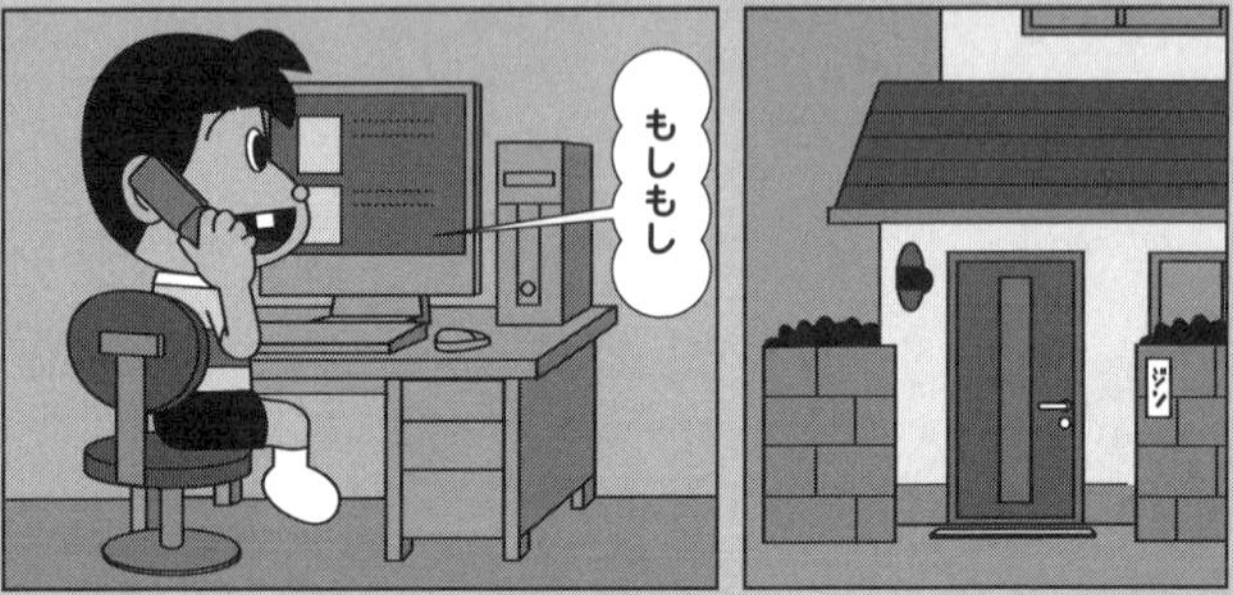

デリヘル
トモ(20)
トモちゃんでお願いします
うふふ楽しみだなぁ
ピンポーン
おっ
こんにちはー
うわっ
ペロペロ
おっほほ
チェンジすれば良かったざますのに
そうだけどなかなか言いにくいもんだよ

ともかく
デリヘルの写真は
あてにならない
ざますから
当たりを引くためには
こうするざます
ほう…
ピッピッ
もしもし
おたくで
人気の子を
お願いざます
聞いておきたいざますけど
チェンジは無料ざますね
えっと
それは顔を見た瞬間に
チェンジと言えば
いいざますか
チェンジ！
と大きい声で
言えばいいざますね
はいはい
チェンジしてドアを
ガーンと閉めれば
いいざますね
もちろん何回でも
チェンジしていいざますね
では待ってるざます

プチッ
これで当たりが来るざます
デリヘル業者はチェンジのシステムを詳しく聞いてくる客にはデタラメをしにくいものざます
ほう…
断られた子をフォローしたりまた別の子を用意するのを面倒がるざますからね
しくしく
よしよし次があるからね
なーるほど
ピンポーン
おっ
お待たせしましたー
あっテッちゃん!
おほほ
ほら当たりざます

おわり

テッちゃんジン君の 学習マンガ この世のひみつ

まんが・石井達也
監　修・宇都宮正次

女子店員からのお釣りのもらいかた

コンビニでのお楽しみといえばお釣りをもらうときだ。
可愛いバイトちゃんの手がふわっと触れる、
あの至高の瞬間をたっぷり味わうにはどうすればいい?

うーん
なんか
感じ
悪いなあ
とぼ
とぼ
ときどき手を包むようにして
渡してくれる子もいるってのに
さ…
チャリン
ああ、お釣りはいつも
あの渡し方に
してほしいなー
おほほ
確かに手が触れながら
お釣りをもらうと
チンコが勃つざますね
ドン
ドドン
スタ
スタ
いい方法が
あるので
ちょっと
来るざます
ほう！
スタ
スタ
タッ
コンビニ
スタ
スタ

新聞
さっ
さっ
875円に
なります
さっ
千円
レシートは
いらないざます
ぱかっ
125円の
お返しです
そ…
チャリン
おー!
わかったざますか
まず
レシート不要に
すれば
手が触れる
確率がグンと
アップすることは
言うまでも
ないざます
スタ
スタ

挟むものがなくなるものね
さらに指を広げておくと置くポイントがせまくなるのでどうしても注意深くなるざます
ぱかっ
ふむふむ
そしてワキを閉じて不自由にしておくと、店員は両手を伸ばして丁寧に渡すことになるざます
チャリン
そ…
なるほど！
それで行くぞ！
おほほ
1000円ちょうどになります
げっ 釣りなしだよ！

おわり

テッちゃんジン君の
学習マンガ
この世のひみつ

まんが・石井達也
監　修・宇都宮正次

早漏・遅漏は この方法で 簡単解決だ

早すぎても遅すぎても、女ってのは文句を言うもの。
こっちは必死なんですけどね。でももう安心。
全男子必見の、早漏遅漏完全対策法がここに!

イクー
どぴゅっ
え、もういっちゃったの?
もーあたし欲求不満!
ぷん
ぷん
いやあのその…
別の日
ヘコヘコ
ソープ
ヘコヘコヘコ
はぁはぁはぁ
お客さん遅いね
早くいってよすりきれて痛くなっちゃうわよ
ほれ、早く
ジュポ
はぁはぁはぁ
ムリだぁ

ボクってほんとに
ぽーん
ダメ人間だな
すた すた
すた すた
また落ち込んでるざますか
だってー
おほほまだ早漏や遅漏で悩んでるざますか
うん…
教えてさしあげるざます
ポイントは口ざます
えっ!? どゆこと!?

イキそうになったら口を開けて口呼吸すると射精は遅れるざます
タンッ
タンッ
はぁ
はぁ
パカッ
ピタッ
逆になかなかイケないときは口をつむって鼻呼吸にするとすぐに発射できるざます
タンッ
タンッ
グッ
ふがー
ふがー
どぴゅっ
へえ男の人の体っておもしろいわね
おほほこの方法さえ知ってればどんな女が相手でも怖くないざますよ
ありがとうこれで百人力だい！
ふがー
ふがー
ソープ
タンッ
タンッ
ふがー
ふがー
タンッ
タンッ
タンッ
ふがー ふがー
あんたなんでそんな鼻息荒いのさ

おわり

テッちゃんジン君の
学習マンガ
この世のひみつ

まんが・石井達也
監　修・宇都宮正次

目の前の人物をこっそり撮影したい!

目の前の友達をこっそり撮影してやろう!
ってなときはスマホをどう構えればバレにくいのだろうか。
真っ正面を向ければいかにも怪しいけれど…

谷間
バッチリだな
ゴク…
スマホに
音のしない
カメラが
入ってるから
こっそり
撮影しちゃおうかな
サッ
でも
スマホの
自然な構え方は
こうだし
タタン
タタン
こういう
角度で持つと
バレそうだし
クイッ
タタン
タタン

意外と難しいもんだな
おほほ苦労してるざますね
クイッ
クイッ
ちょっと貸してみるざます
ばっ
こういうときは
いかにもコンタクトがズレたようなフリをして
さっ
スマホの鏡アプリを見ながら直してるポーズをするざます

おわり

※見知らぬ他人を盗撮するのは犯罪です

テッちゃんジン君の 学習マンガ この世のひみつ

まんが・石井達也
監　修・宇都宮正次

おっさんが若い子と付き合うには

おっさん好きの女というのが実在する。若い男よりも枯れたオヤジに魅力を感じるなんてこっちとしては万々歳だけど、いったいどこでどう見つければいいのだろうか

くそー
イラ イラ
すた すた
上戸彩ちゃんがエグザイルのおっさんと結婚しちゃったよー

なんで、あんなおっさんが若い子をモノにできるんだよー
ガッ
ぽーーん
すたすた
おほほ彩ちゃんは母子家庭で育った子ざますからね
それがどうしたのさ
母子家庭の子供はファザコンが多いのでおっさん好きになりがちざます
おほほ
ふーんそうなんだ

だから若い子にモテたいおっさんは父親のいない子を探すのが近道ざますよ
でもどうやって探すのかしら

「キミ、父親いない？」なんて聞けないよ
そうよね離婚とか死別とかプライベートな部分に触れることになるもの
おほほ

ワタシの場合
うちのオヤジがぎっくり腰になって大変ざます
キミのお父さんは元気？
この聞き方でOKざますよ

いやー
ウチ
父親いないいん
ですよぉ
こう答えやすい
ざますからね
なるほど
これならお見合いパーティや
合コンでも使えるね！
おほほ
よーし
若い子を狙うぞ！
ずだだっ
ジン君は
子供じゃ
なかったっけ？
？
？

おわり

テッちゃんジン君の 学習マンガ この世のひみつ

まんが・石井達也
監　修・宇都宮正次

アポ場所での電話の仕方

出会い系やエンコーでの待ち合わせでは、相手がブスなら速攻ダッシュで逃げねばならないが、電話しながらだとなかなかそうもいかない。相手に自分だとバレないように電話する方法はないものか？

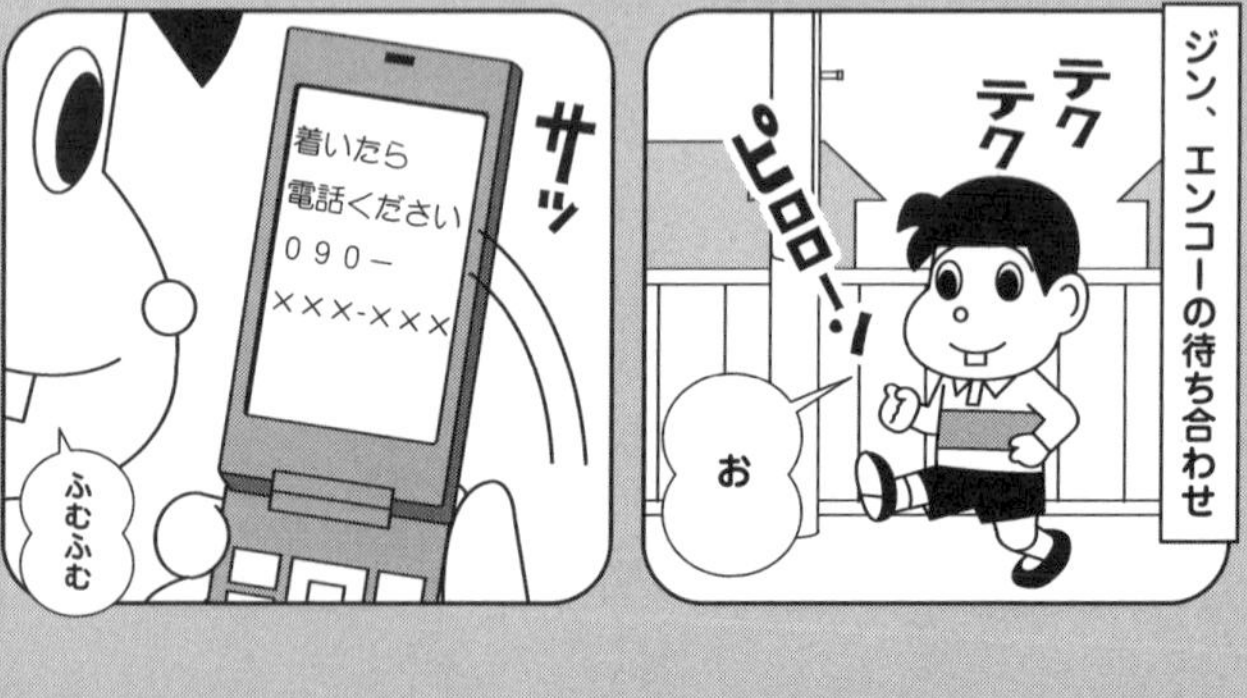

もしもしー
着いたよー
宝くじ
どこですか
キョロ
キョロ
宝くじ売り場の前だよ
えっと
キョロ
キョロ
宝くじ
どうもー
くるっ
あわわわ
はい
いきましょ
つかつか
ずるるる…
あれは
悲劇だったよ
おほほ
今からワタシも待ち合わせざます
ちゃんと見てるざます

テクテク
ほら、これ
マイク付きのイヤホンざます
サッ
マスクで口元を隠してこいつを挟んで電話するざます
ほう
もしもし着いたざます
宝くじ売り場の前ざます
宝くじ
どこかしらー
キョロキョロ
ちゃんといるざますよ宝くじ売り場の脇ざます
宝くじ
えっと
キョロキョロ
ほら、あのブスざます
えっと…
キョロキョロ

もう
切るざます
ツーツーツー
ブチッ
あ…
？
？
教授
助かったね
おほほ
ピラ
スタスタ…
エンコー女のバカどもは
電話はこうやってかけるものと
思い込んでるざます
だからまさか手ぶらの男が
電話の相手だとは気づかないざます
口元も
見えない
もんね！
これで向こうに気づかれる前に
容姿をチェックできるね！
ヒュ～
そのとおり
ただそれにしても…
カサカサ
エンコーの当たりって
しょぼん…
なかなか
引けないなぁ
カサ
カサ
ピヒュ～～

おわり

テッちゃんジン君の 学習マンガ この世のひみつ

まんが・石井達也
監　修・宇都宮正次

ライバルの逆をゆく婚活パーティの意外な必勝法

婚活パーティはイケメン有利の世界だけれど、
この方法を使えば平凡な男だって戦えるんです。
驚くほど単純で簡単な、パーティ必勝法を公開!

ジンさんの趣味は読書なんですね
うん、そうなんだよ
それではお時間ですので移動してくださーい
ズザ
ズザ
ズザ
ふむふむドラマが好きなんですね
そうなんですよー
ああ、またカップルになれなかったよ
ふー
婚活パーティー会場
おほほまったくダメ男ちゃんざますね
スタスタ
やっぱり婚活パーティはイケメンじゃなきゃ駄目なのかなあ
おほほブサイクでも
結果を出してるヤツはいるざます
あいつらはいつもこういう手を使ってるざますよ
ほう!
婚活パーティ会場
スタスタ

ざわざわ
もう何人もしゃべって疲れたでしょ
あはは、そうですね
休日とか何してんの？
そうですねぇ家でゴロゴロしたり
ああ、わかるわかる暑い日とかだと特にね
そうなんですよでもうち、クーラーの調子悪くて
マジで？ 室外機とかチェックしたほうがいいよ
へぇそうなんですか
はい、お時間でーす
おほほ
今の会話のどこがポイントなの？
スタスタ
婚活パーティー会場
おほほ肝心なのはプロフィールカードを見てないという部分ざます
普通はみんなカードばかり見て書いてあることの確認をしてるだけざます
あんなのでは印象に残せないざますよ
確かにそうよねぇ

そこで相手の顔だけを見て流れにまかせて会話するざます
これによって女は「重み」を感じずに知り合いとしゃべってるような気になるざます
他の男がガツガツ向かってくる感じだから余計にそう思うかも
フムフム
すると二度目の会話で
スタッ
おっ、休日ゴロゴロちゃん調子どう？
あはは、そっちはどうですか
いやー、キミが一番かなぁ
またまたー
こんな感じで親しみを持たせていけるざます。カップルにもなりやすいざますよ
なるほどこれからはこの作戦で決まりだね
おほほ
じー
キレイな目だね
びくっ
じー
おほほ
顔を見るのはいいけどいきなり容姿に触れるのはNGざますよ

おわり

テッちゃんジン君の 学習マンガ この世のひみつ

まんが・石井達也
監　修・宇都宮正次

なし崩しの初歩の初歩

お堅い女には、まずはチンチンを触らせてから
徐々にこちらからタッチしていく戦法が効く。
でもいったいどうやってチンチンを触らせればいいの?

相手のほうからチンコを触らせるのが良いとのことですが
立っちゃったよ ちょっと触って
もー
サ…
いざやってみても変態あつかいされてしまいます
キモい！
プイッ
どうすればよいのでしょうか、か
おほほ
パサ
ぼくも同じことを思うよ
チンコ触らせもなかなか難しいんだよね
スタ スタ
あんな汚いモノ触りたくないわ
おほほ、そこが突破できない男性には
次の方法をオススメするざます
ほう！
うわー、なんか一緒にいると心臓ドキドキしてきたよ
またまたー

ほら、触ってみて
サッ
ドキドキしてるでしょ
そうかなあ
あ、なんか乳首、感じちゃったよ
え
ほら、ちょっと触ってみて
ばっ
えー―
そー
どうざますか、テッちゃん これなら抵抗ないざますよね
そうよね、別に乳首は汚くはないものね
あとは大げさに感じてやるざます
あ、それすごい気持ちいいかも
コリ
やだー
コリ
コリ
もうちょっとコリコリして
こう?
どれだけ堅い女でも男の乳首をいじることには興味を持つものざます

わかるかも
ちょっとイタズラ心が
芽生えちゃうのね
この階段を一歩のぼっておきさえ
すれば、次にチンコ触りに
持っていきやすいざますよ
はあ
はあ
ぐいっ
あ、ヤバイよ、気持ちいいよ
ほら、こんなになっちゃった
なるほど
そこからは
ナシ崩しだね
いいこと
聞いたぞ！
おほほ
テッちゃん、
ぼくたち心臓が
ドキドキ
してきたよ
ばっ
ばっ
プイッ
あんたたちの乳首は
毛がボーボー
だからイヤ！
おわり

テッちゃんジン君の 学習マンガ
この世のひみつ

まんが・石井達也
監　修・宇都宮正次

パチンコ援交の声かけ法

パチンコで負けた女は金がない。だからエンコーにも応じるはず。理論的にはバッチリだけれど、いざどのように接近すればいいんだろうか。自然な声かけ法はこれだ!

こういう子って
お金に困ってるから
エンコーの誘いに
乗ってきそうだよな
イラ
イラ
ドン
ドン
パチンコ
ふら
ふら
はぁーあ…
ねえねえ
おねえさん
僕と割り切って
遊ばない？
たたっ
プイッ
つか
つか
あ…
おほほ
狙いは
間違ってないけど
これじゃあ
逃げられるざますね
すた
すた

パチンコ負け女を誘うには
正しいやり方があるざます
ほう!
使うのは
これざます
景品
フムフム
はぁーあ…
ほら、あそこから
負け女が
出てくるざますよ
ふらふら
あの
これ換金するとこ
どこざますか?
すたすた
あそこのビルです
あ、ありがとうざます
勝ったので少し
遊ぶざますか?
え?

お金ならあるざます
もし負けたのなら援助するので遊ばないざますか
おど
え…
おど
結構です
すた
おど
おど
すた
なんだー逃げられたじゃないか
おほほでも会話の流れは自然ざますでしょ
換金所の場所を聞くのはおかしくないし
こっちは勝った設定なので自然とお金で遊ぶ提案に持って行きやすいざます
繰り返せばいつかうまくいくかもね！
よし、頑張るぞ
おほほ
ジャラ
ジャラ
ジャラ
肝心の景品が手に入らないよ～

おわり

テッちゃんジン君の
学習マンガ
この世のひみつ

まんが・石井達也
監　修・宇都宮正次

手コキ店でドサクサまぎれに乳を揉むには

手コキ店でおっぱいを触るには追加料金がかかるもの。
でもこの手法ならばムダな出費を抑えられるぞ!

手コキ
入ろっか
バタン
あー最高
タラー
ぬるっ
ぬるっ
ぬるっ
チラ…
揉みたいなー
ぬるっ
ぬるっ
スッ
そういうの、やってないんで
ちょっとだけ！
パシッ
ダメダメ！
グイッ

そのころ教授の部屋では
ぬるっ
ぬるっ
おほほ、いいお乳ざます
ぷりんっ
ぬるっ
お嬢さん そんな 手コキでは イケないざます
両手で しっかり ヌルヌル するざます
はぁ…
タラーー
そうそう タマのほうもニュルっと
はい…
ニュル ニュル
スッ
もみっ
駄目ですよー
クネッ

クネッ クネッ
まあまあ よいではないか
もー
店長に内緒ですよー
もみっ
ぬるっ ぬるっ
こうなると抵抗はあきらめて さっさとイカせようとするのが 女の習性ざますね
手コキ
はあ〜あ
なんだか不満が残るなあ
おほほ
大満足ざます

おわり

テッちゃんジン君の 学習マンガ この世のひみつ

まんが・石井達也
監　修・宇都宮正次

コンドームを常備しても怪しまれない方法

男にはいついかなるときチャンスが訪れるかわからない。
だからコンドームは常備しておかねば。でもカバンに
潜ませたゴムをヨメさんに見つかるわけにはいかんし…

いつ
こんなことや
早く入れてよ～
カパッ
！
こんなことが起きるか
わからないので
酔っちゃった～
バタンッ
102
ベロン
ベロン
カバンには常に
コンドームを
潜ませて
おきたい
ものだ
スタ
スタ
でも
あんた
なんで
こんなもん
持ってるの！
ばっ
こういう心配が
あるからなあ
スタ
スタ
しょぼん…

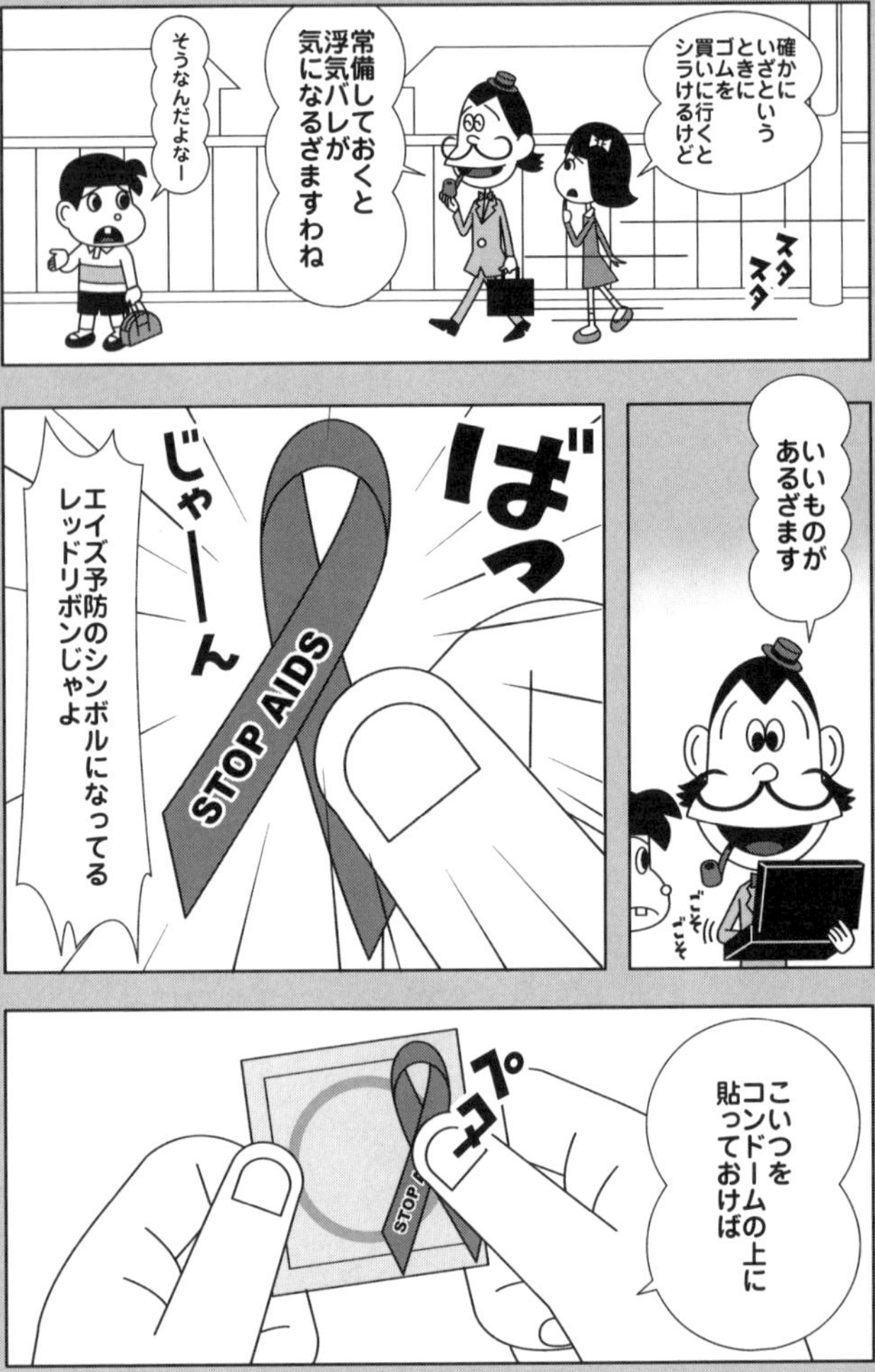
確かにいざというときにゴムを買いに行くとシラけるけど
スタスタ
常備しておくと浮気バレが気になるざますわね
そうなんだよなー
いいものがあるざます
ごそごそ
ばっ
じゃーーん
エイズ予防のシンボルになってるレッドリボンじゃよ
STOP AIDS
こいつをコンドームの上に貼っておけば
ペタ

何よ、これ!
ばっ
ああ
駅前で配ってたんだよ
ストップザエイズとか言って
あ、そ…
なるほど
自分で使うためじゃなくてたまたまもらったことにするんだね
そのとおり
二度三度使うのは難しいけどとりあえず一回はかわしきれるざますよ
レッドリボンはどこで手に入るの?
ちゃんとしたものはエイズ予防財団で手に入るし面倒なら赤いリボンをくるっと丸めるだけでもかまわないざます
よーしこれで安心だ!
がばっ
使う機会あるのざますかねぇ
しれ〜

おわり

テッちゃんジン君の
学習マンガ
この世のひみつ

まんが・石井達也
監　修・宇都宮正次

女はイク！って言うけれどそれ本気？ 演技？

オキニのソープ嬢がいつも絶頂に達して満足そうだけど、
あれって本当なのか？　客を喜ばせてまた通わせる
つもりなんじゃ…。本気か演技かわかる方法ってないのか？

スコ
スコ
スコ
スコ
スコ
気持ちいい?
うん イッちゃう!
あーーッ
あーーッ
あーーッ
ああ、ボクもイクよ
スコ
スコ
スコ
私もイクー!
スコ
あーーッ
スコ
うっ
どぴゅっ
はぁ
はぁ
はぁ
はぁ
はぁ
イッた?
うん お客さん 最高だわん

ソープ
すた すた
てへへへ
教授、またイカせちゃったよ
おほほ そんなの演技かもしれないざます
女のイクは9割方演技ざますからね
うん、そうね
そうなのかなぁ
演技を見破るコツがあるざます
ほう！
だいたい女というのは
もう イク ざますよ
スコ スコ スコ
ああん 私も！
とか言うざますので
実はまだビンビンなのにイッたフリをしてみるざます
バタッ
ふぅ 気持ちよかったー
はぁ はぁ
へな へな
私もイッちゃったー

そこですかさず
がばっ
まだやるぞ！
ズコ
ズコ
ズコ
ズコ
本当にイッた女なら ぐったりして マグロ状態のはずざますが
ズコ
ズコ
でれ〜ん
演技の女は まだ付いてくるざます
ズコ
ズコ
ああん 気持ちいいい！
あーッ
あーッ
演技を 続けてしまう わけね わかるわ
よーし これからはこの方法で 見極めるぞ！
でも正常位の 絶頂は100％ 演技だわ
やっぱり 立ちバックで クリを触られながら 首筋を舌で舐められて 右手で乳首を コリコリ…
しわっ
うーん それは テッちゃん だけのパターーン だよなぁ
おほほ

おわり

男のエロ知恵140

2019年11月18日　第1刷発行

著者　「裏モノJAPAN」編集部[編]
発行者　稲村　貴
編集人　平林和史
表紙イラスト　加藤裕將
デザイン　+iNNOVAT!ON
発行所　株式会社　鉄人社
〒102-0074
東京都千代田区九段南3−4−5 フタバ九段ビル4F
TEL 03-5214-5971　FAX 03-5214-5972
http://tetsujinsya.co.jp/
印刷・製本　株式会社シナノ

ISBN978-4-86537-175-8　C0176